Theo von Taane

3D Football
Taktikboard und Trainingsbuch

Das 2 in 1 Taktikboard und Trainingsbuch zur schnellen Erstellung von coaching Anweisungen/Spieltaktiken und -plänen, enthält nicht nur sportspezifische Vorlagen (Spielfeld und Raum für Notizen), sondern verfügt auch über eine wieder beschreibbare Fläche (Cover des Buchs), welche mit handelsüblichen whiteboard Stiften beschrieben werden kann und trocken abwischbar ist.

VORTEILE:
- o Taktikbuch mit sportspezifischen Vordrucken (Spielfeld) zum schnellen und einfachen Skizzieren von Spieltaktiken/Übungen.
- o Sind alle Seiten des Buches aufgebraucht, lässt sich das Cover (mit seinen Vordrucken) mit whiteboard Stiften unbegrenzt weiternutzen.
- o Durch das handliche Format sowohl unterwegs als auch vor Ort zum Spiel oder Training nutzbar.
- o Ideal zum spontanen Sammeln von Trainingsideen oder als Gedankenstütze.
- o Ideal um dem Spieler durch schnelles Skizzieren der Übung den geplanten Trainingsablauf begreifbarer zu machen.
- o Ideal zum Festhalten von geplante Spielzügen, um sie sich kurz vor dem Match oder währenddessen wieder ins Gedächtnis zu rufen.

AF139448

Bibliografische Information der Deutschen Nationalbibliothek:
Die Deutsche Nationalbibliothek verzeichnet diese Publikation in
der Deutschen Nationalbibliografie; detaillierte bibliografische
Daten sind im Internet über http://dnb.dnb.de abrufbar.

© 2016 Theo von Taane; 1. Auflage

Texte und Illustrationen: **Theo von Taane**

Herstellung und Verlag: BoD – Books on Demand, Norderstedt

ISBN: 9783739231457

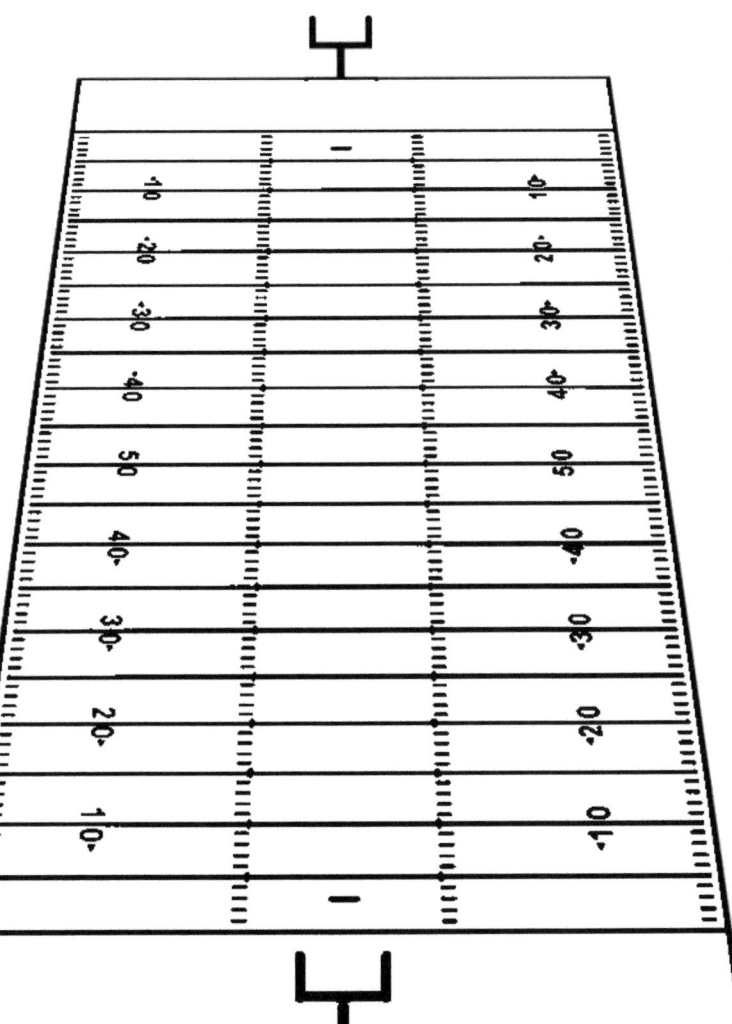

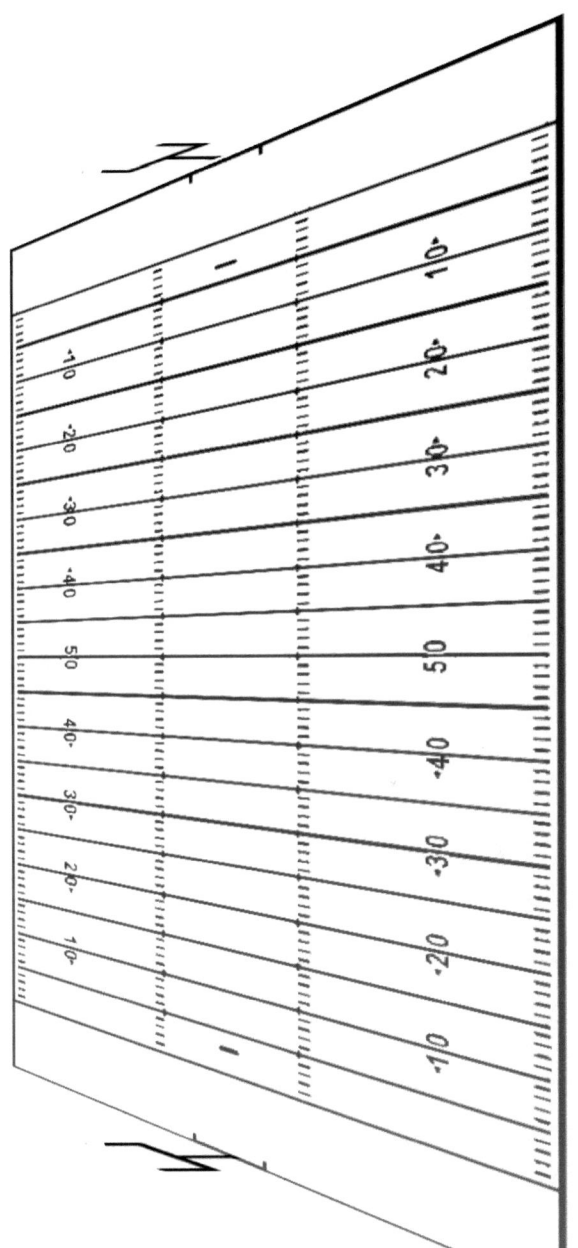

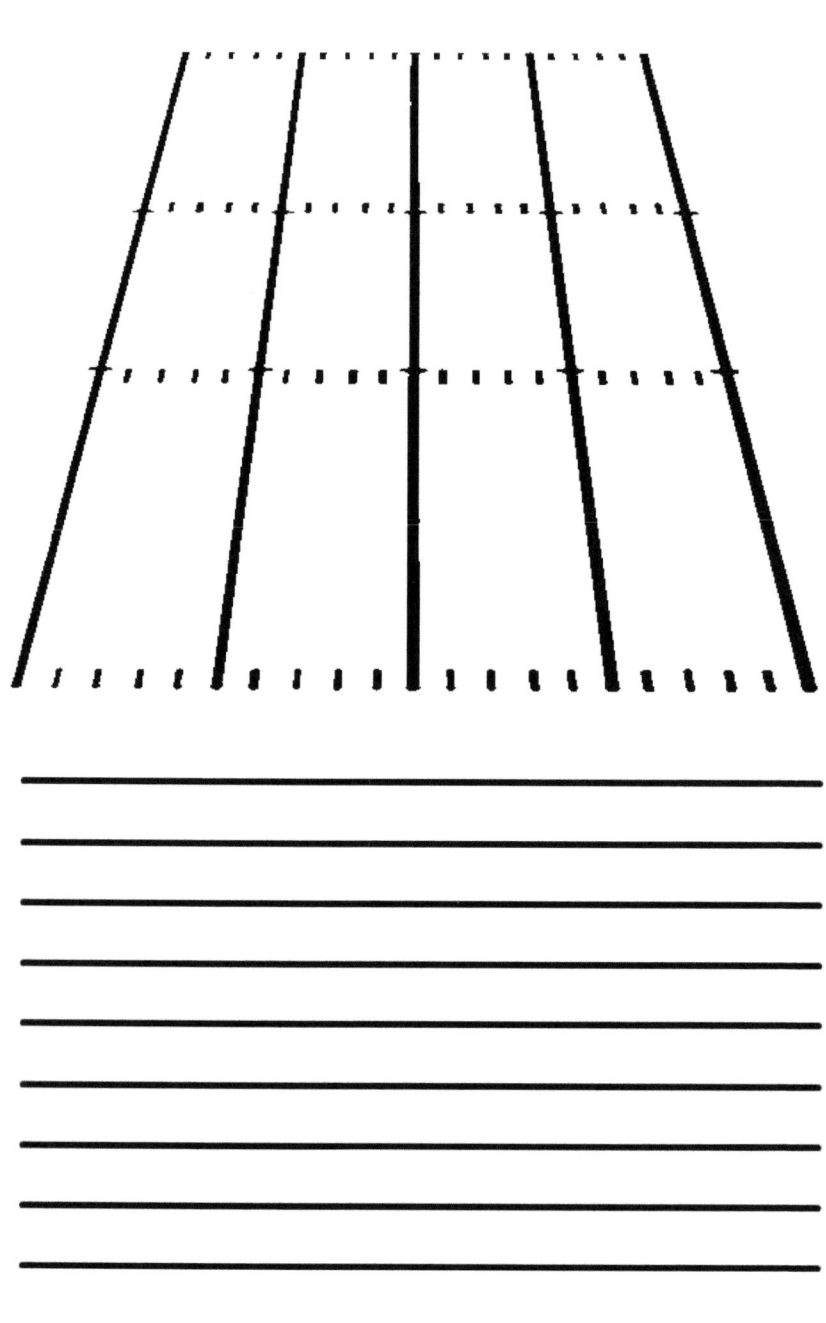

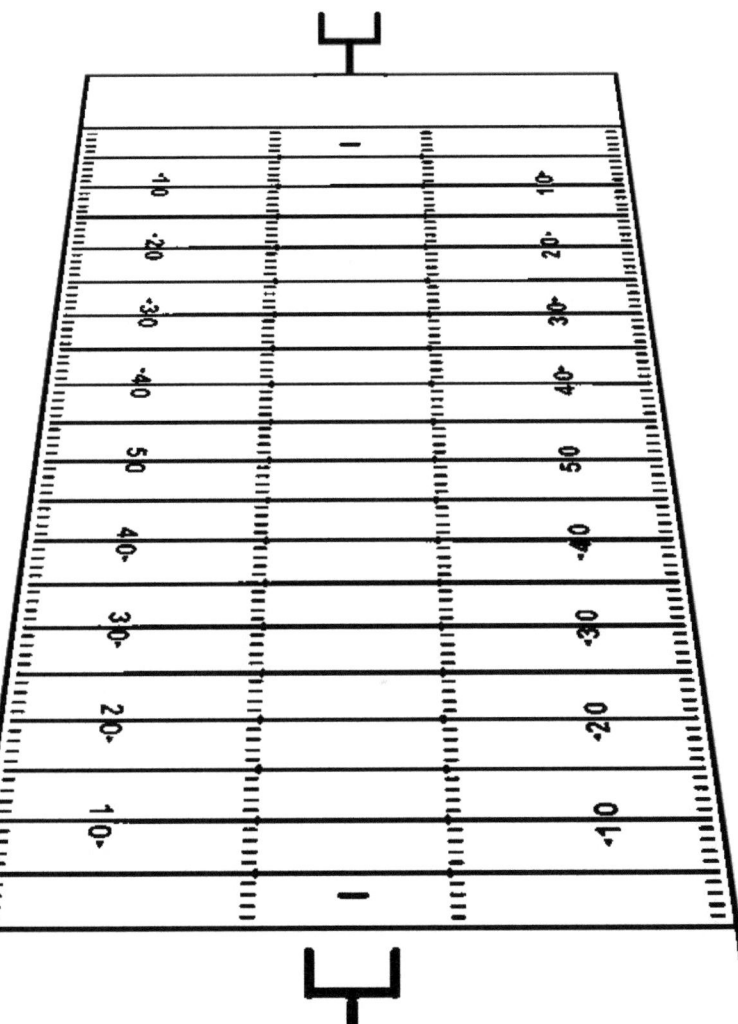

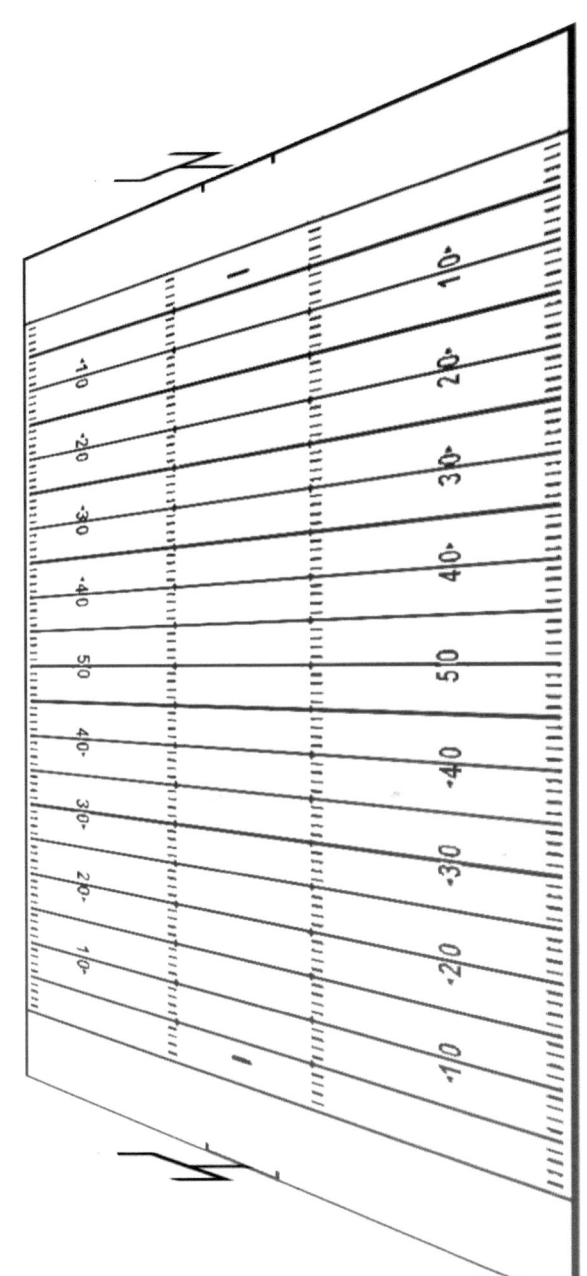

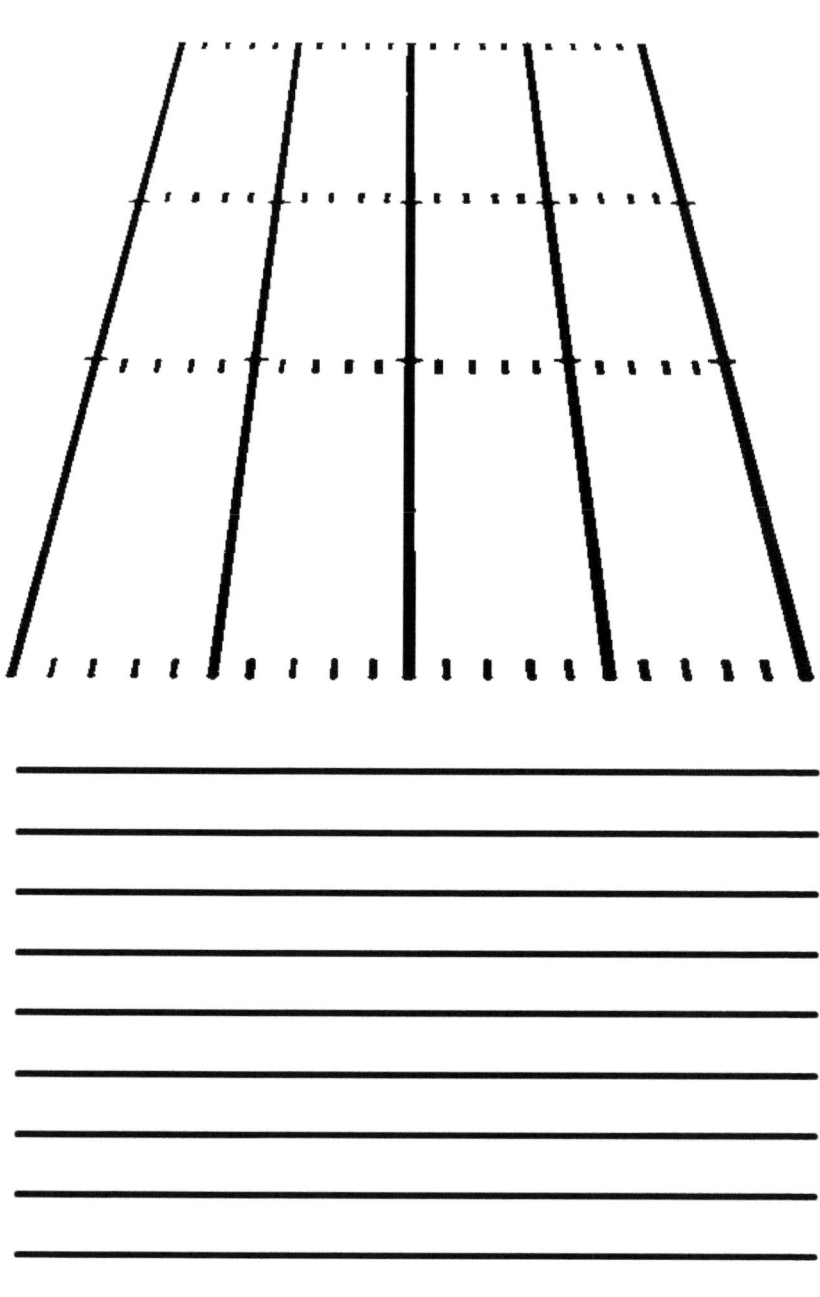

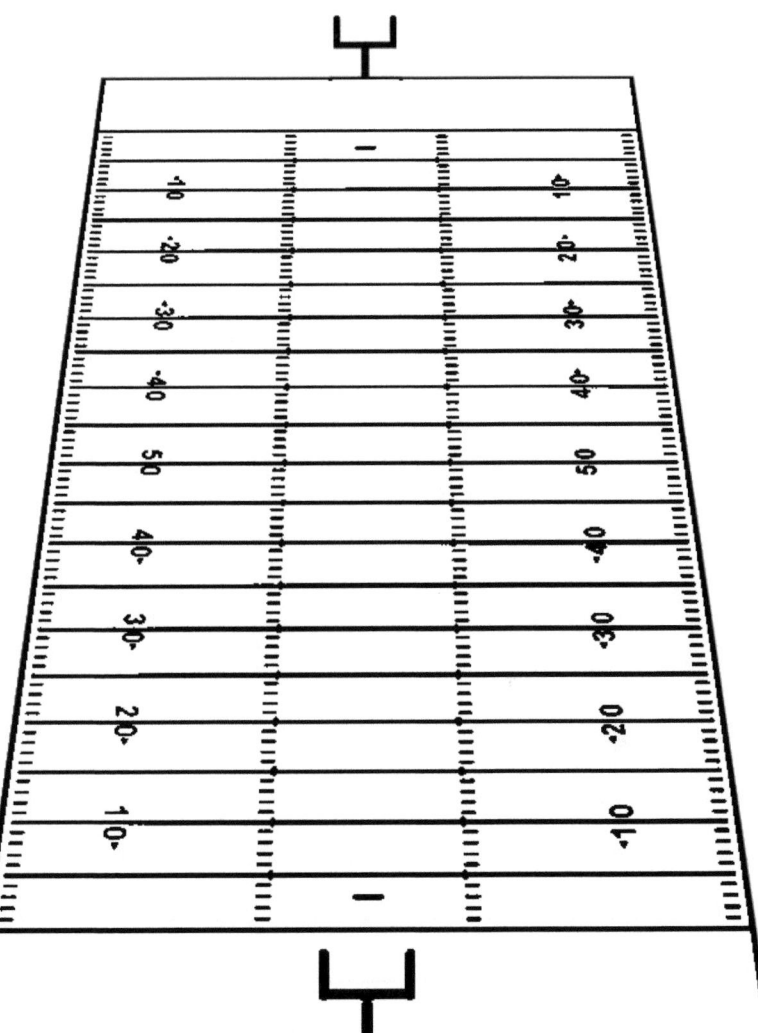

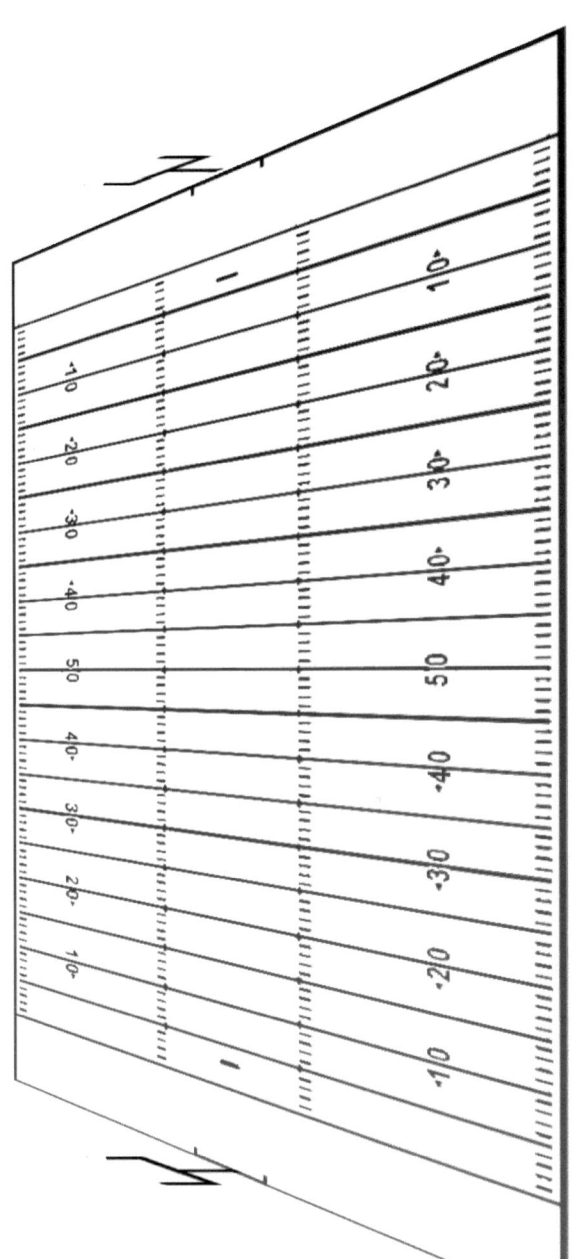

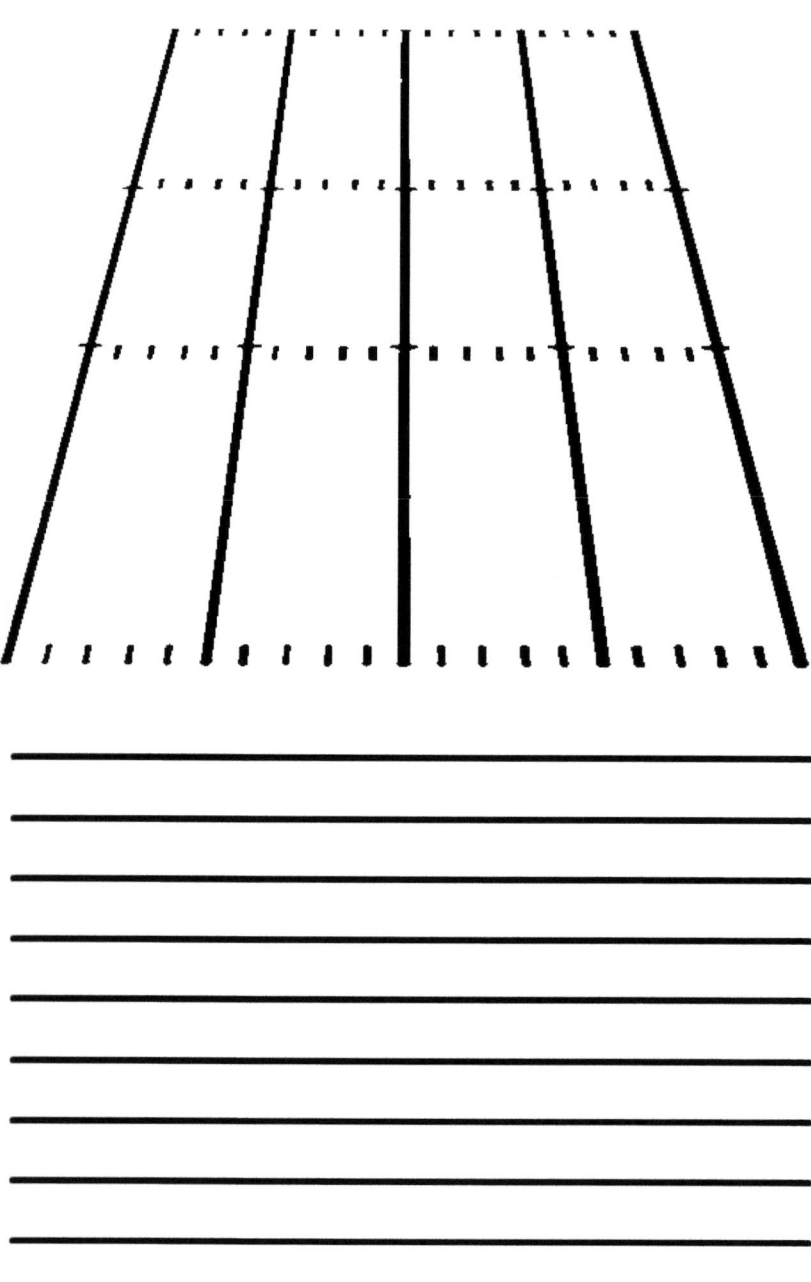

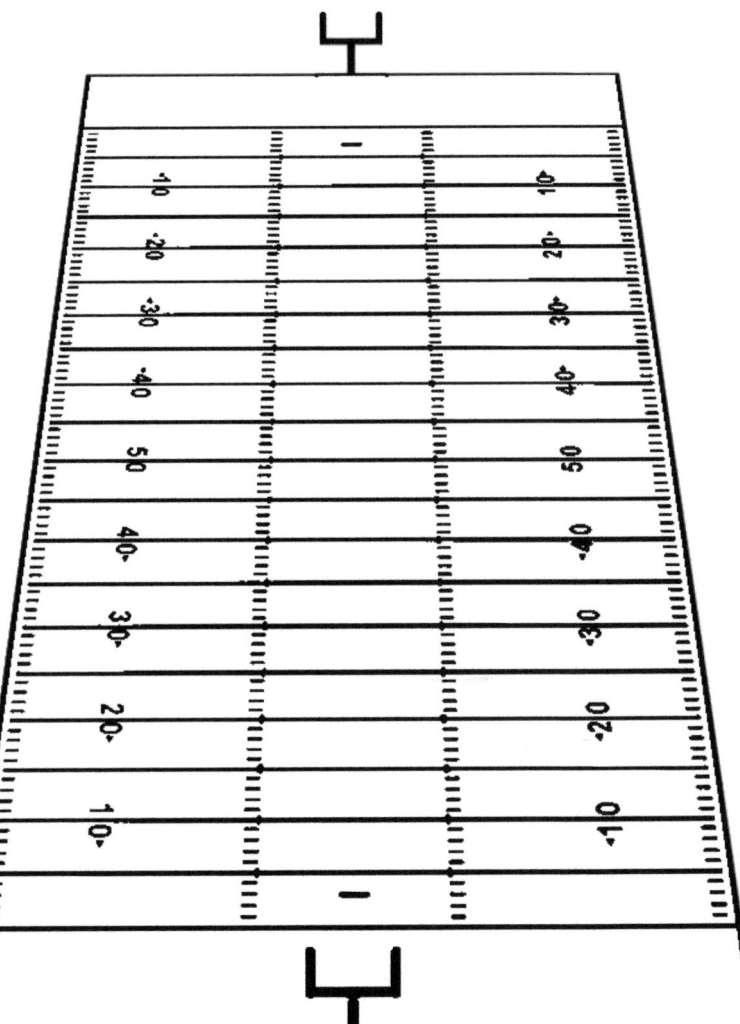

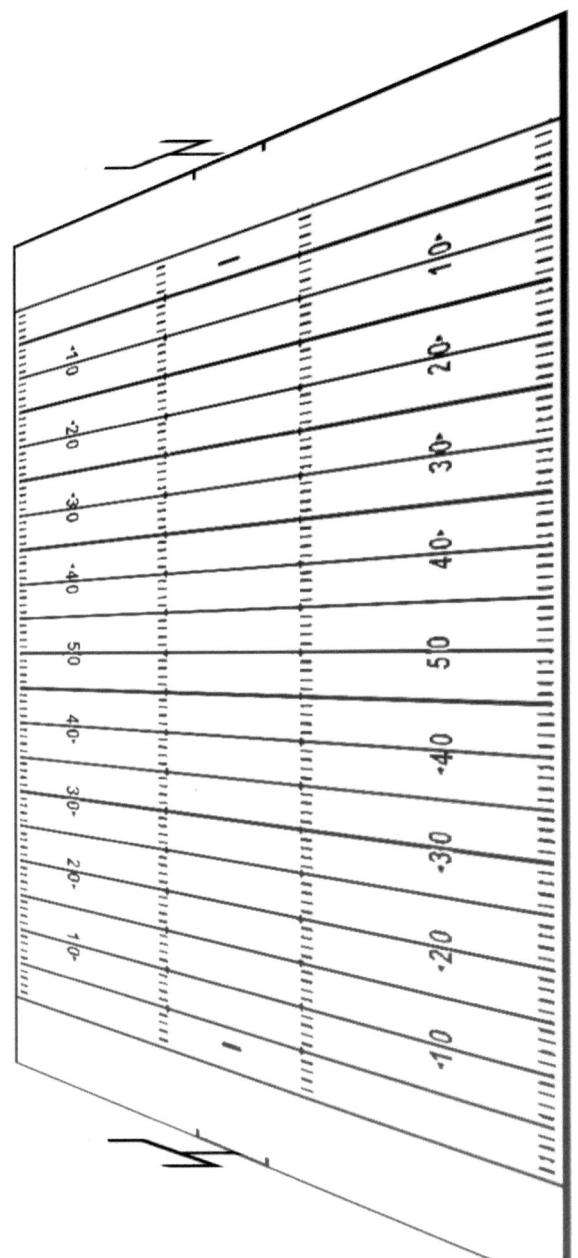

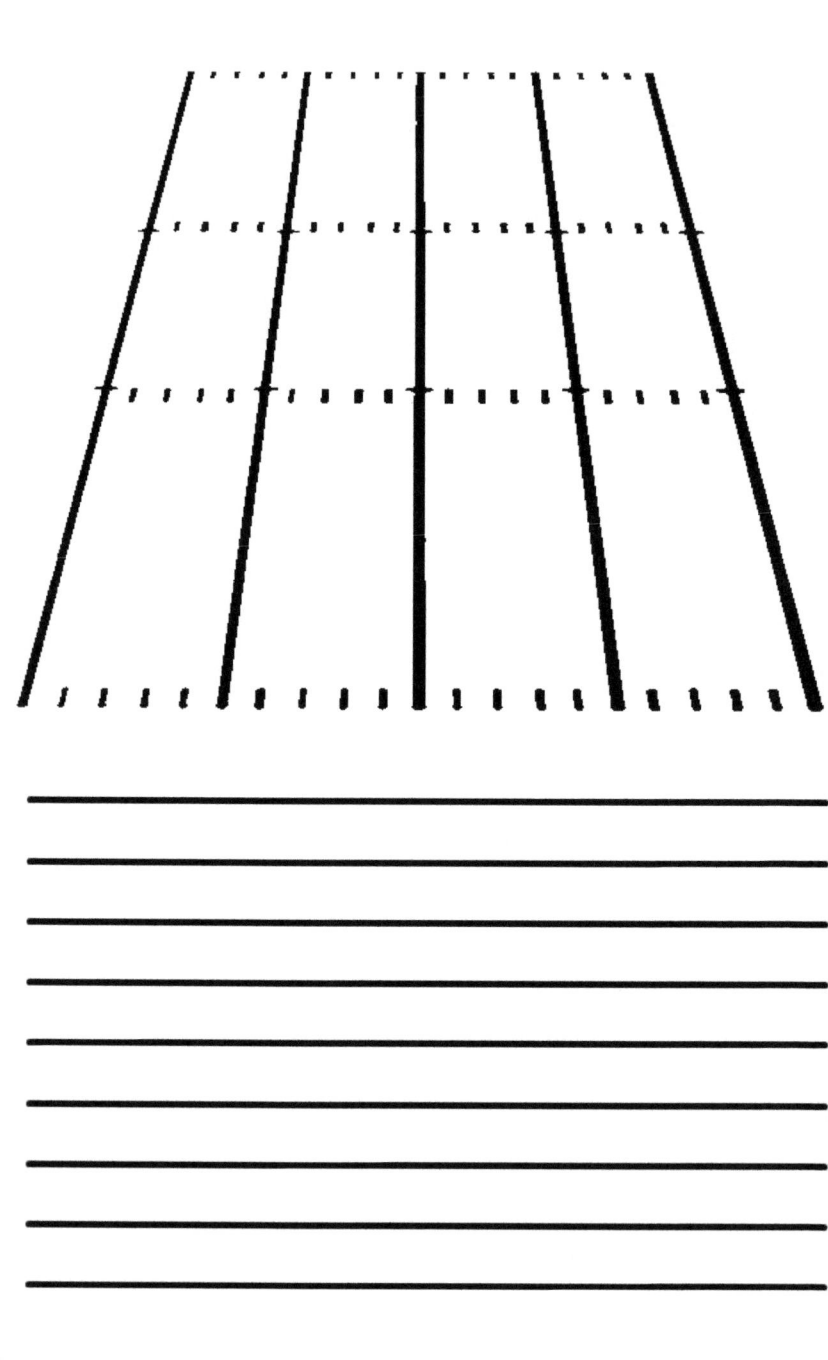

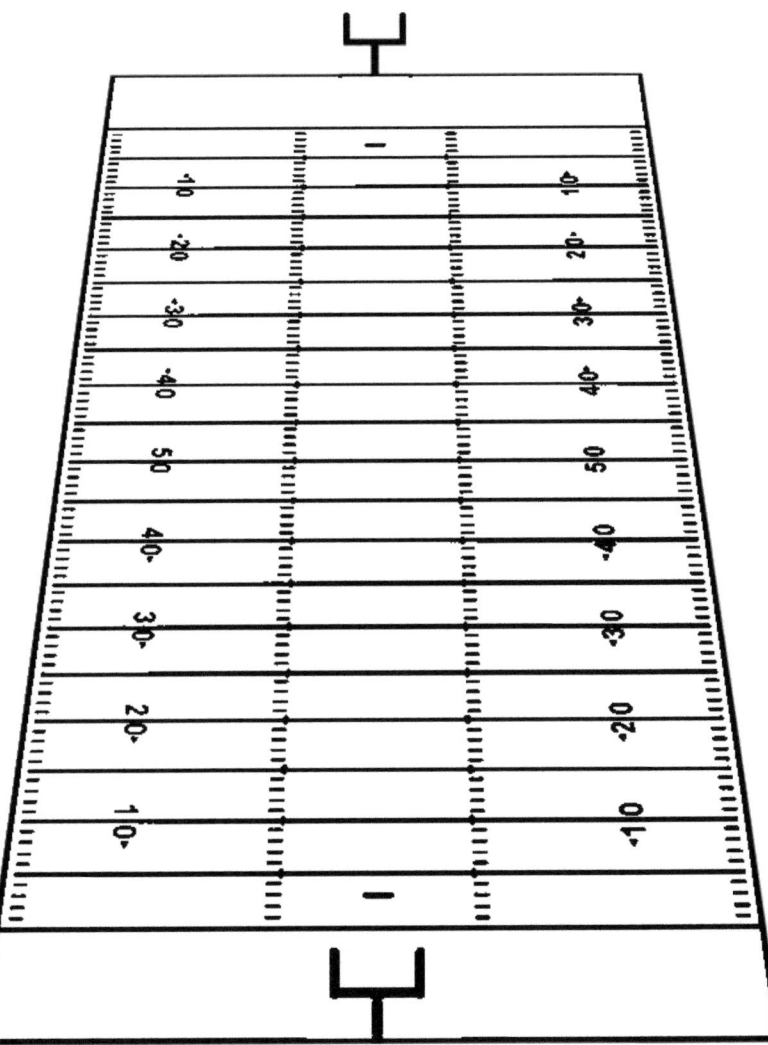

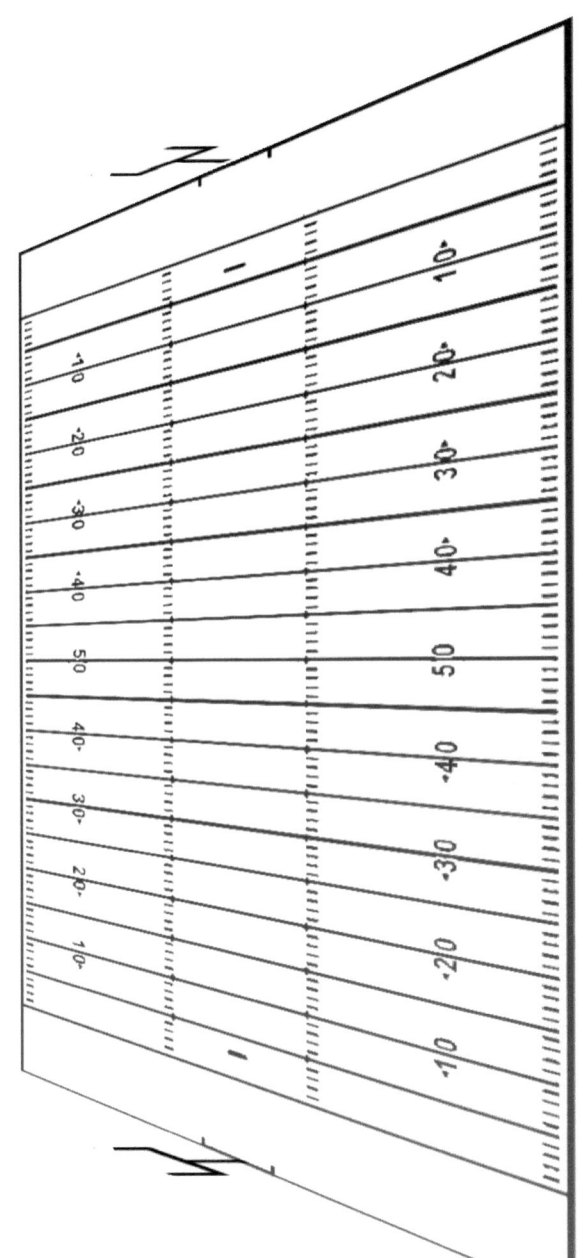

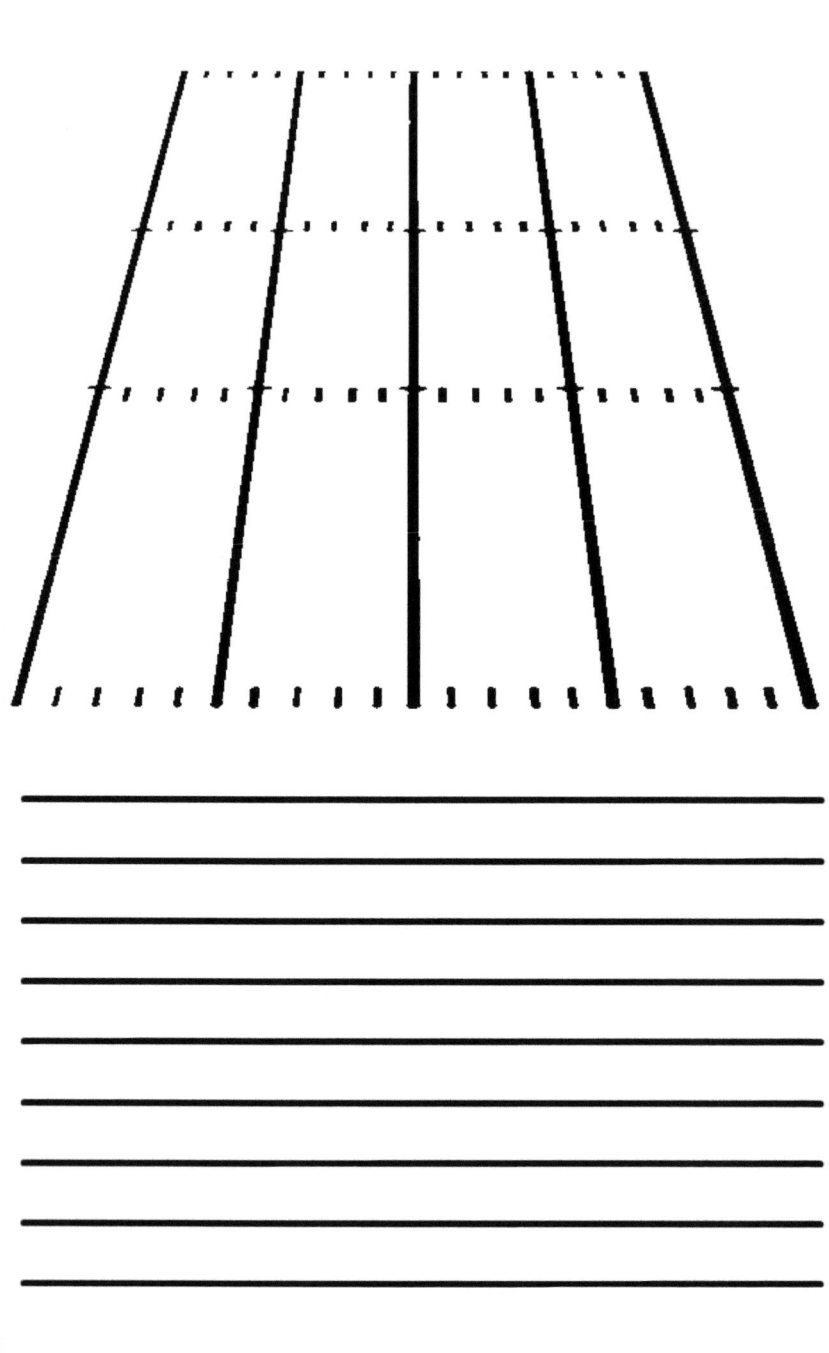

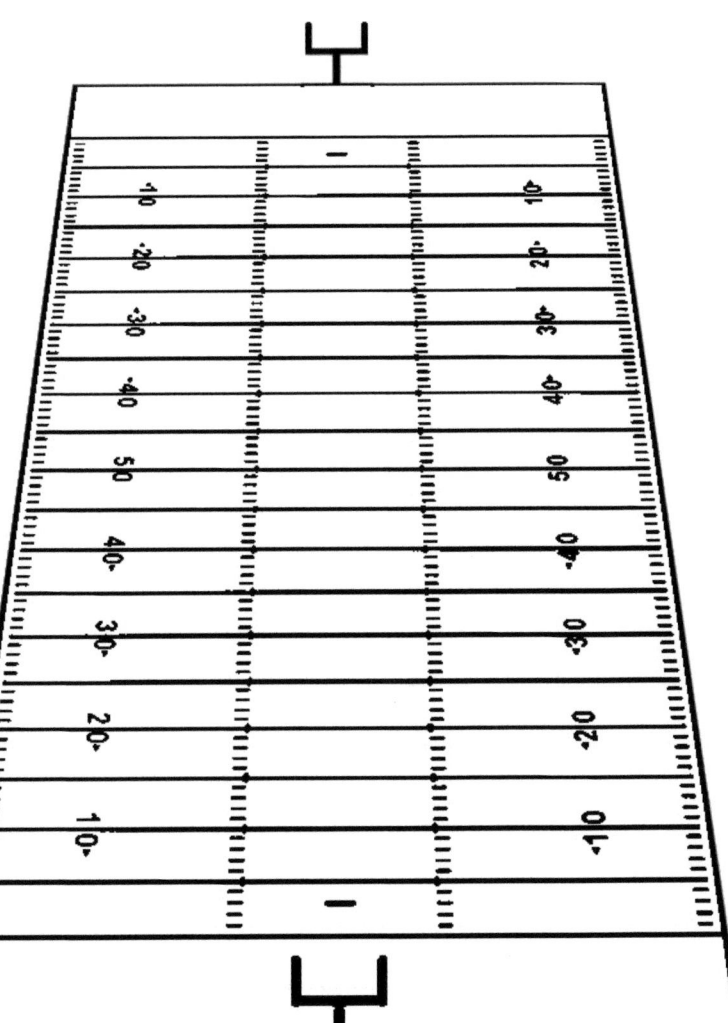

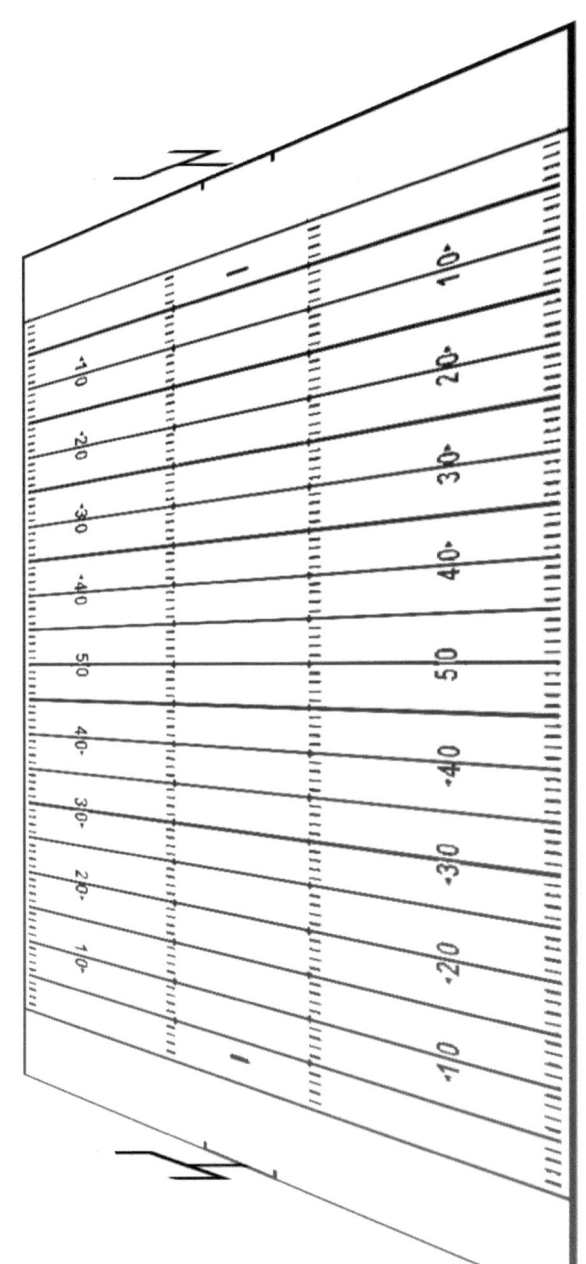

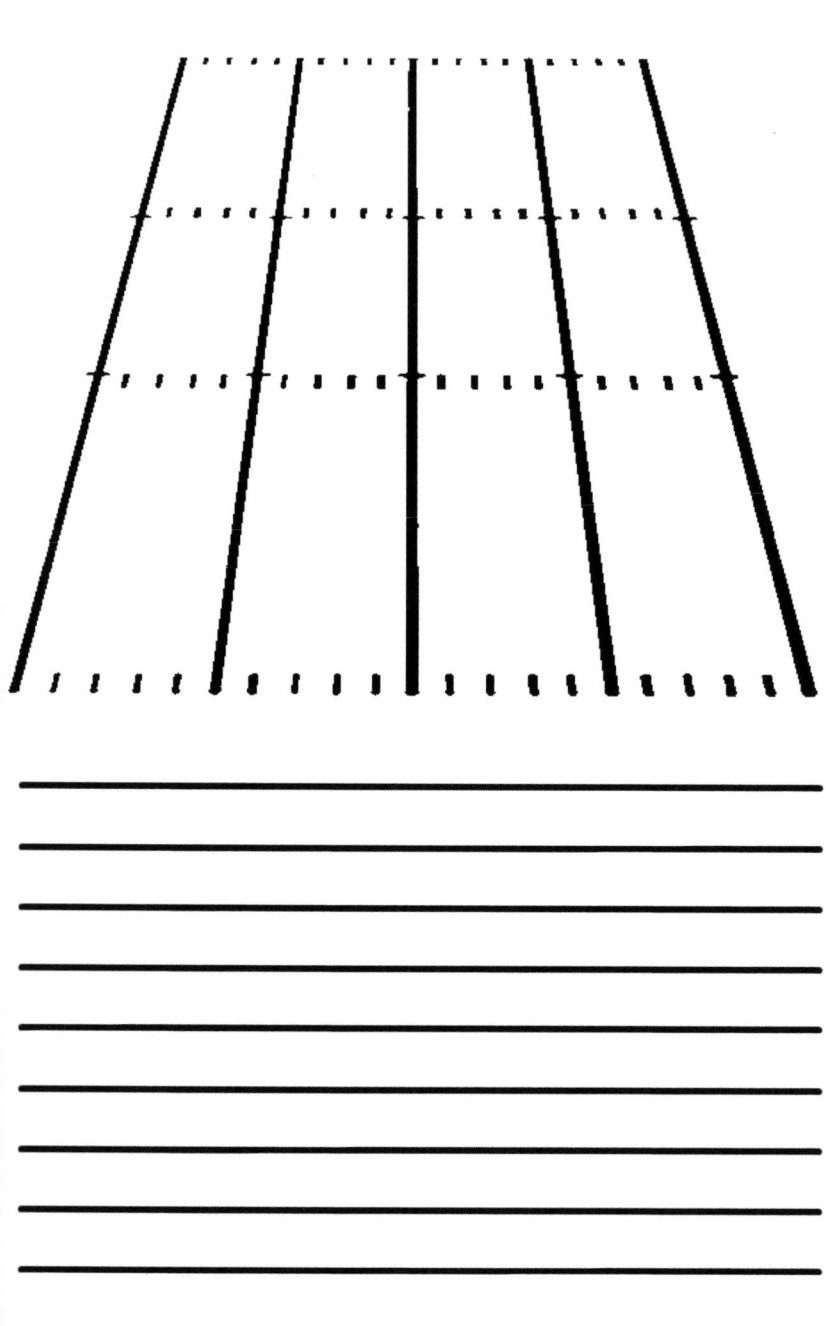

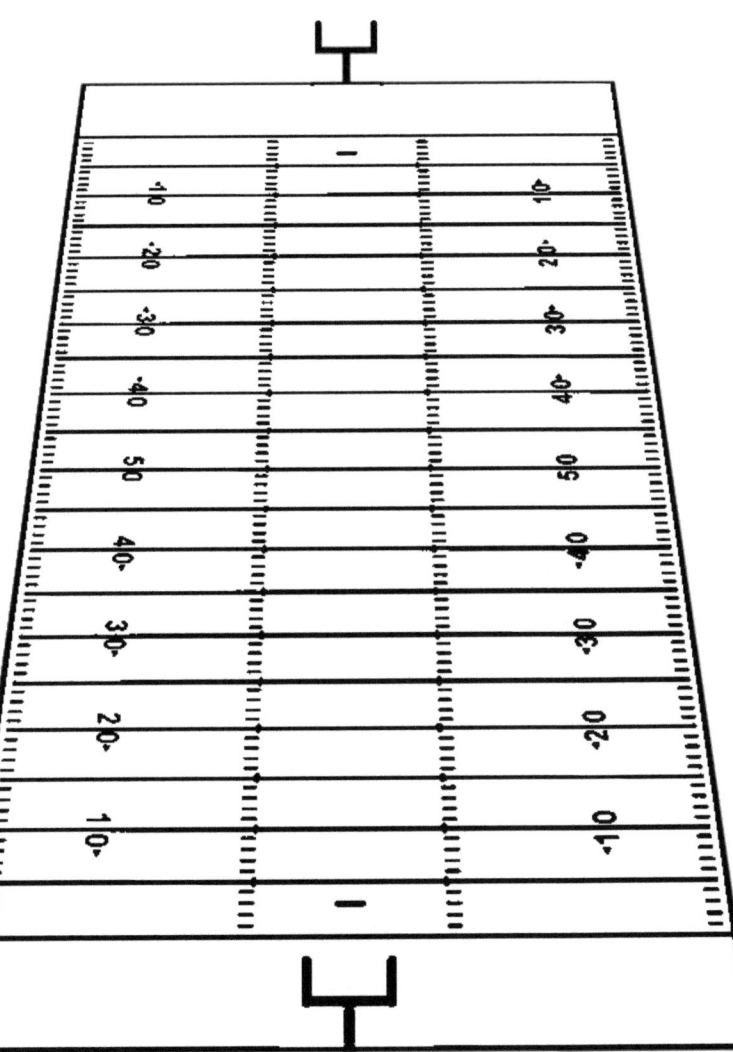

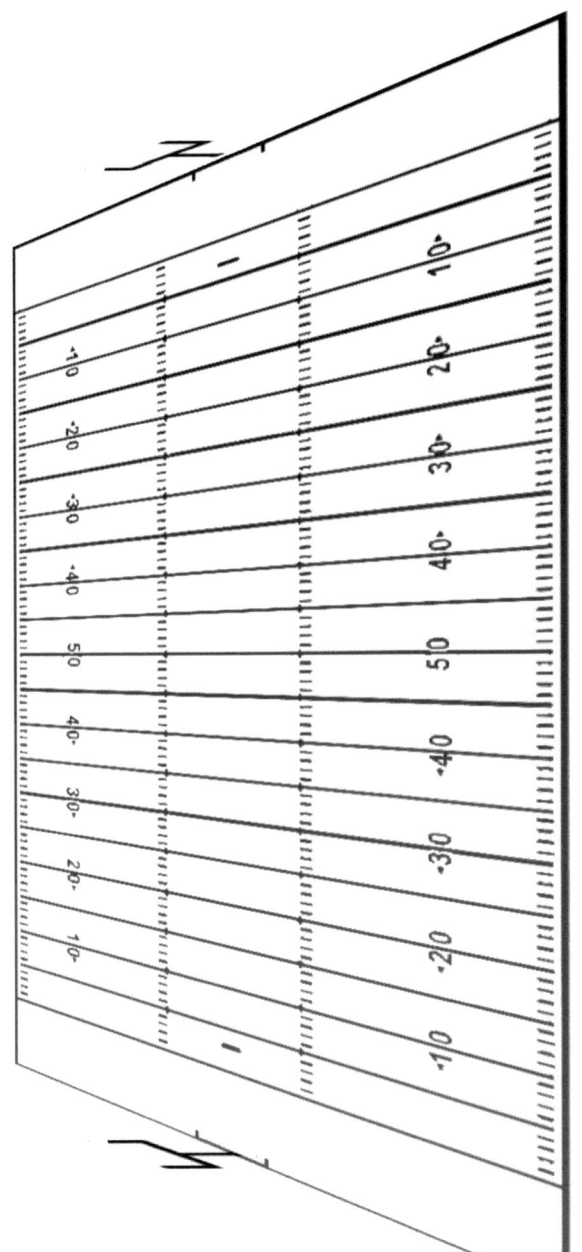

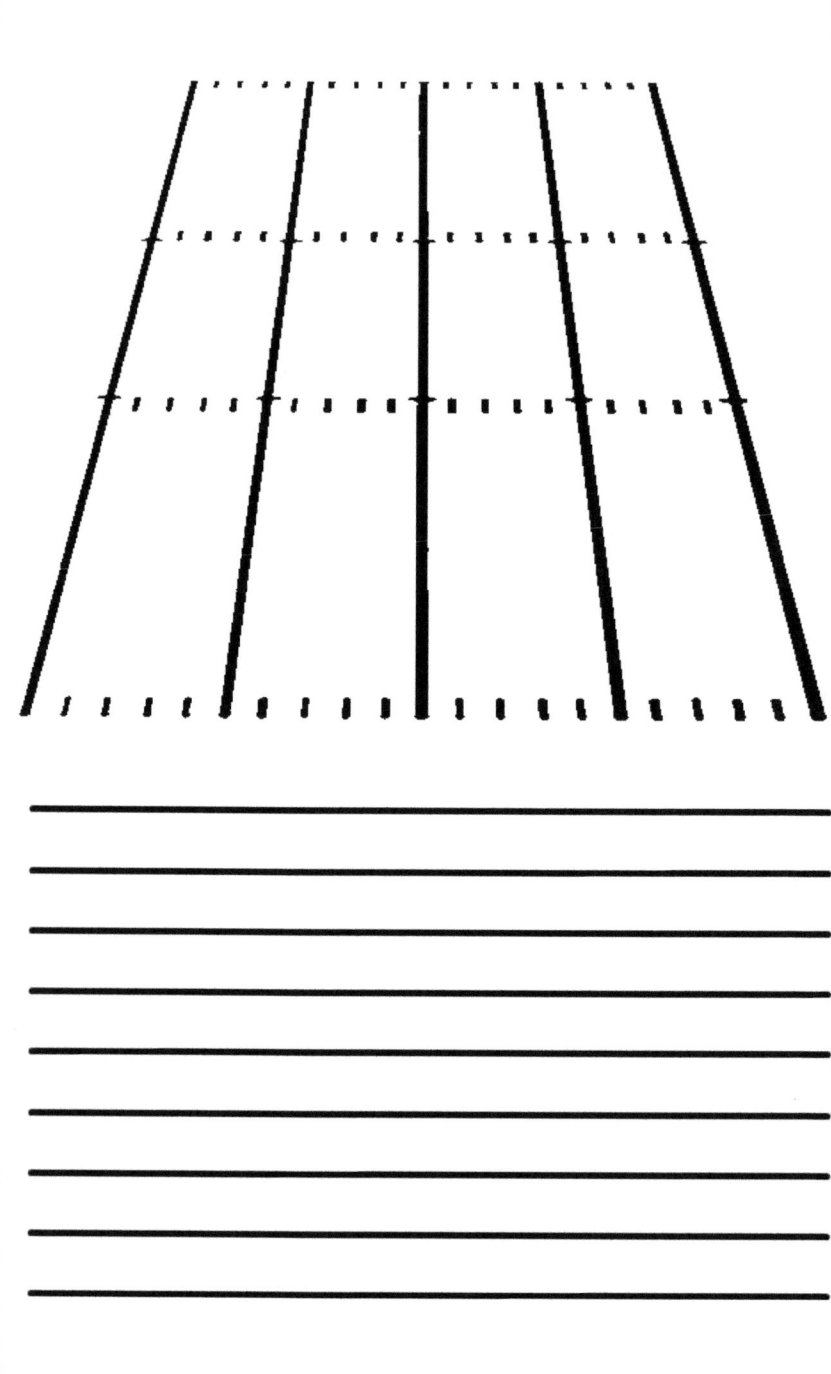

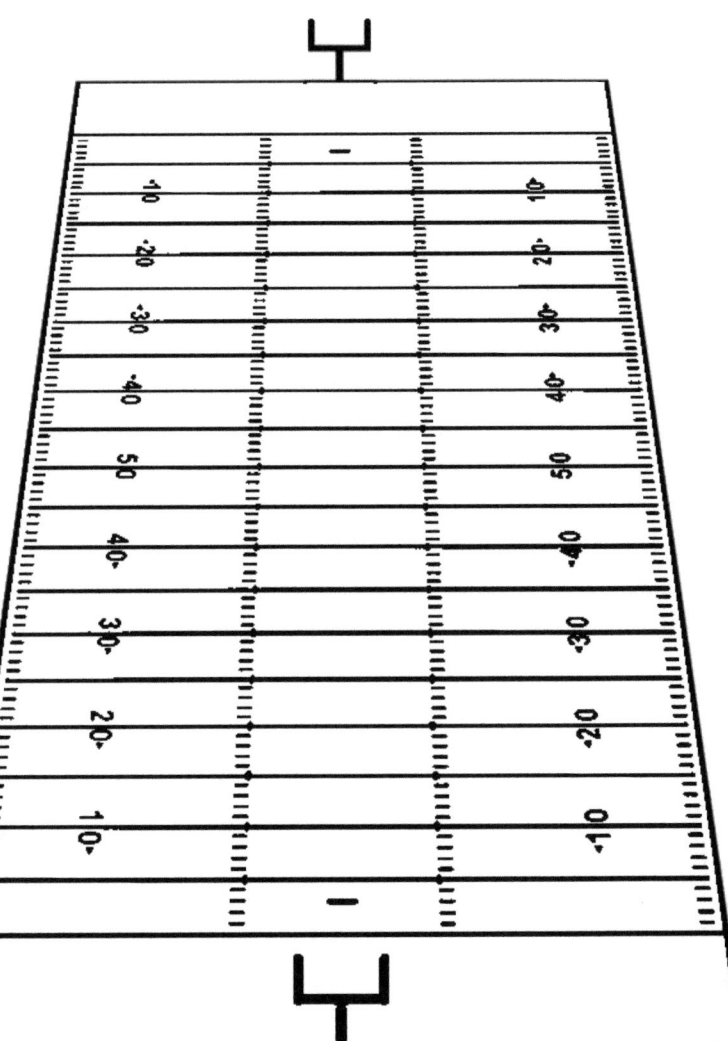

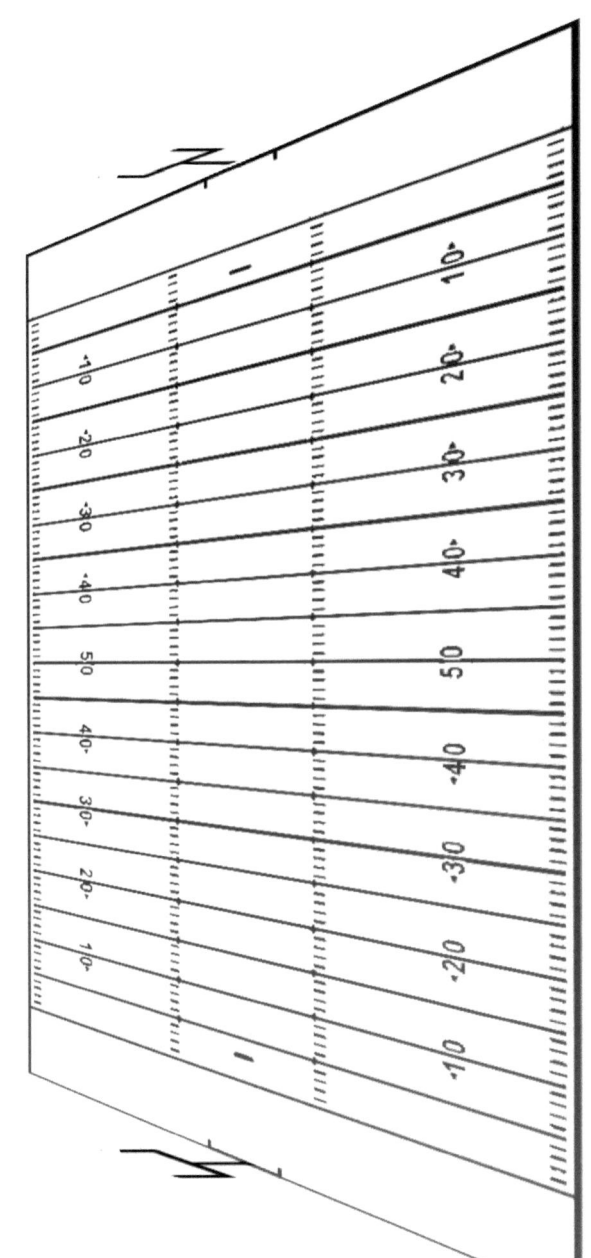

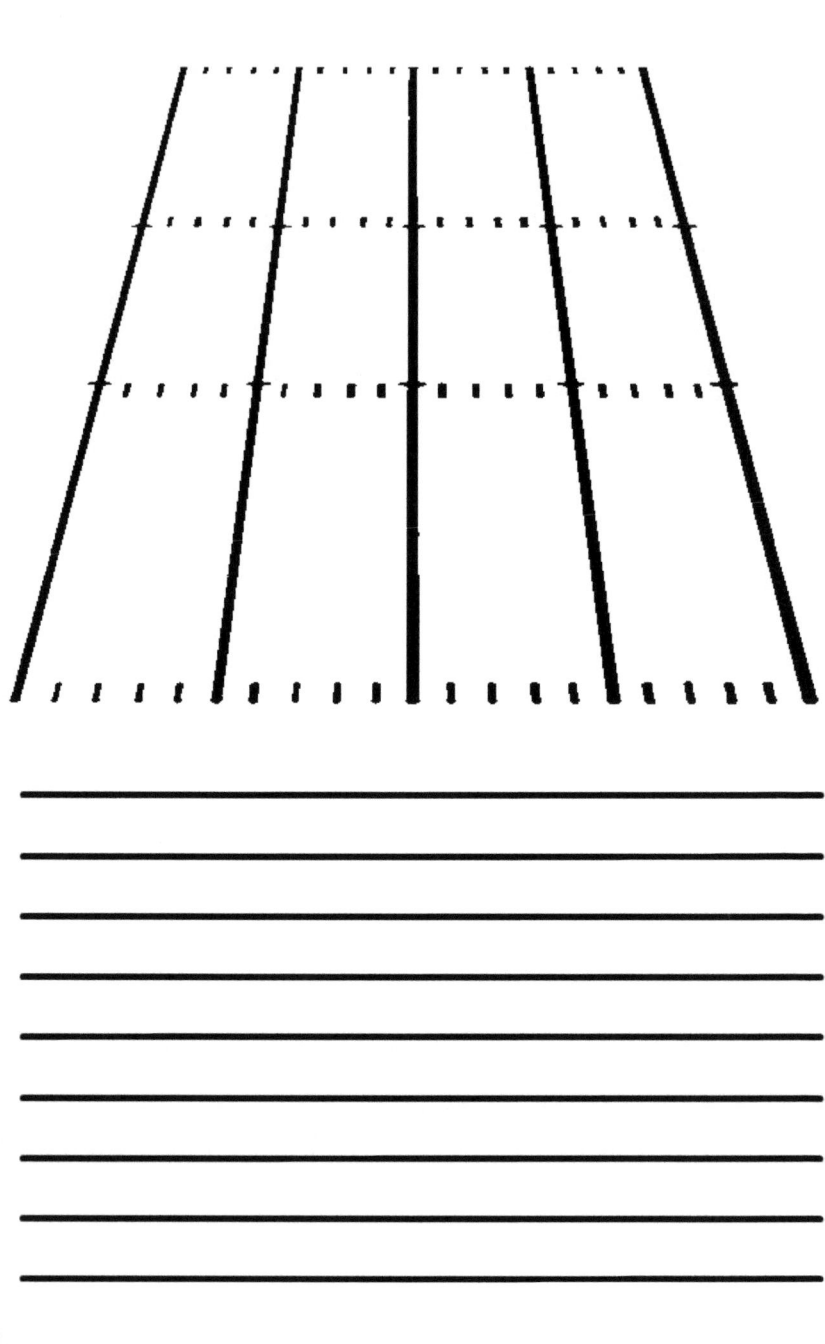

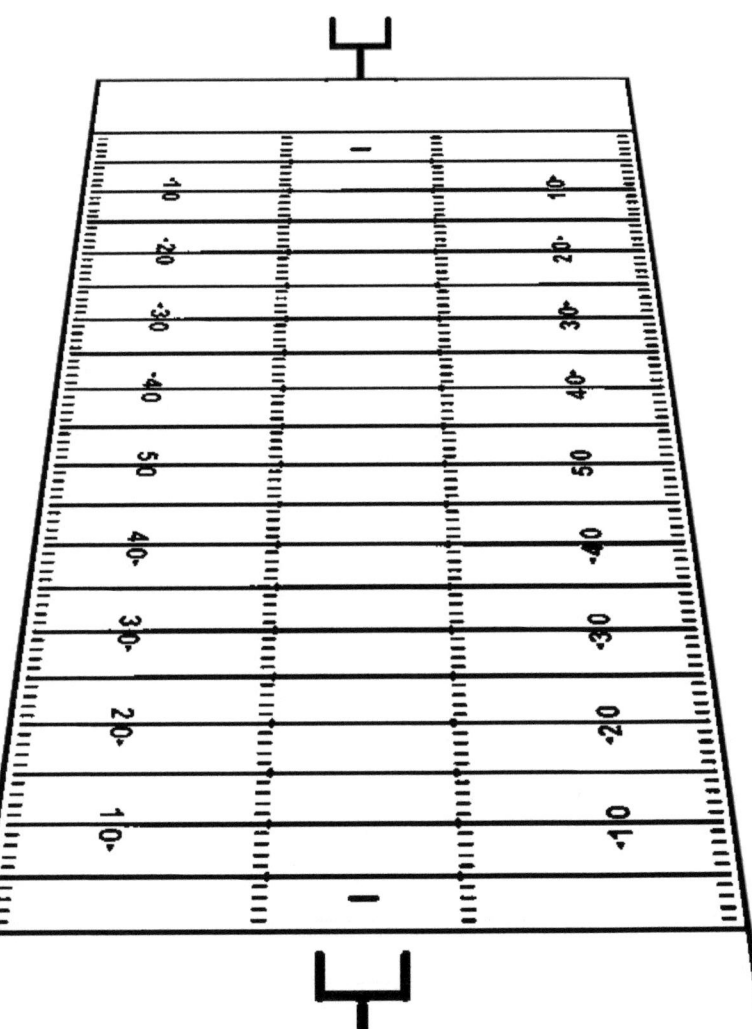

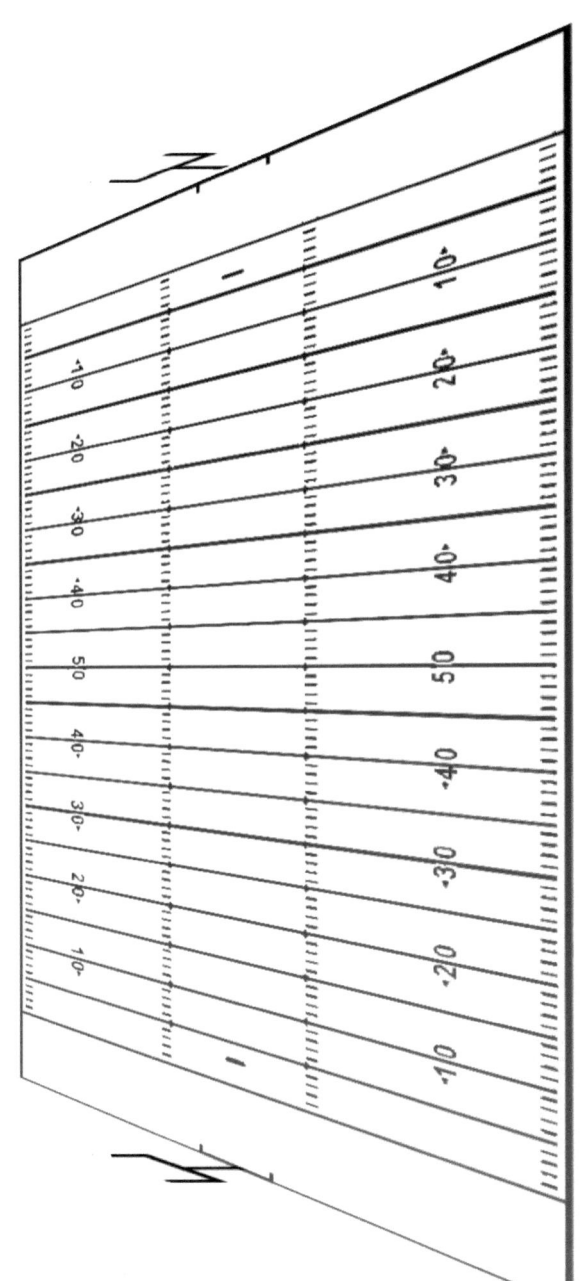

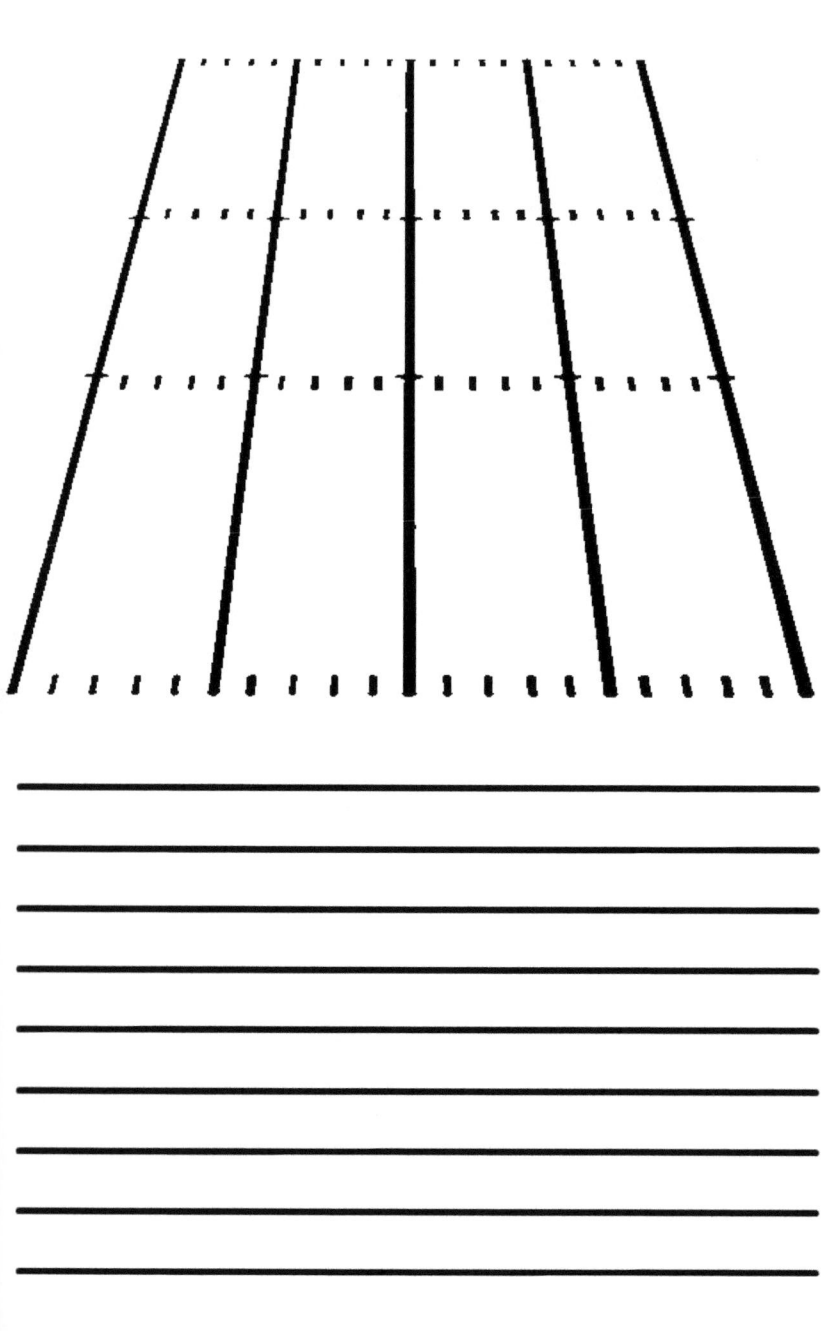

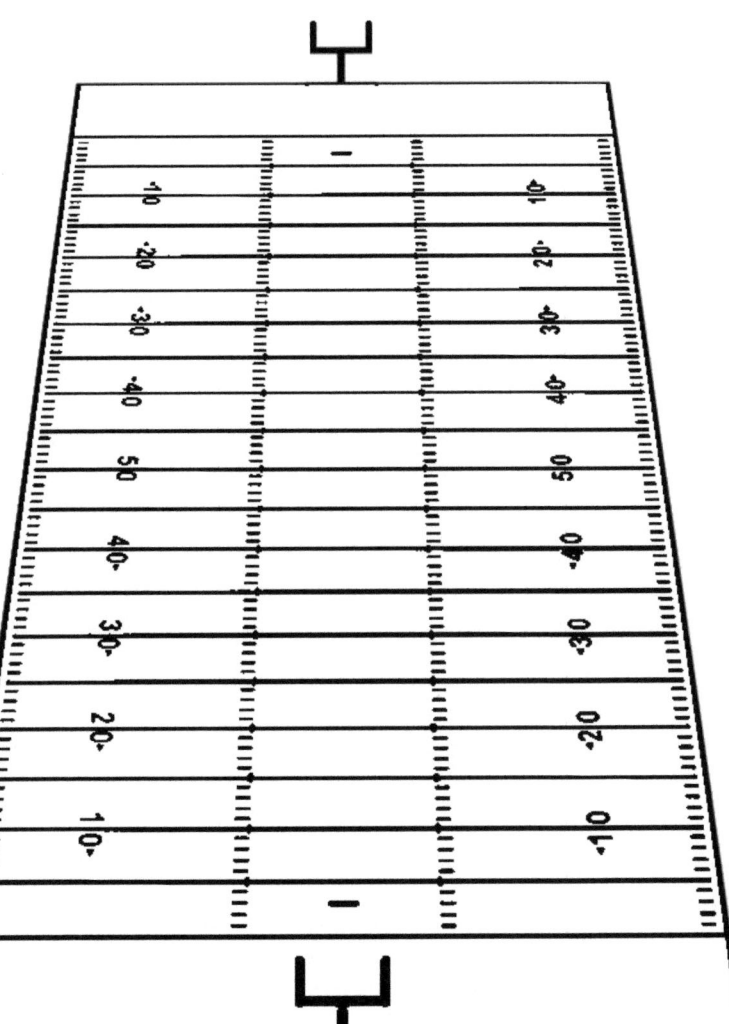

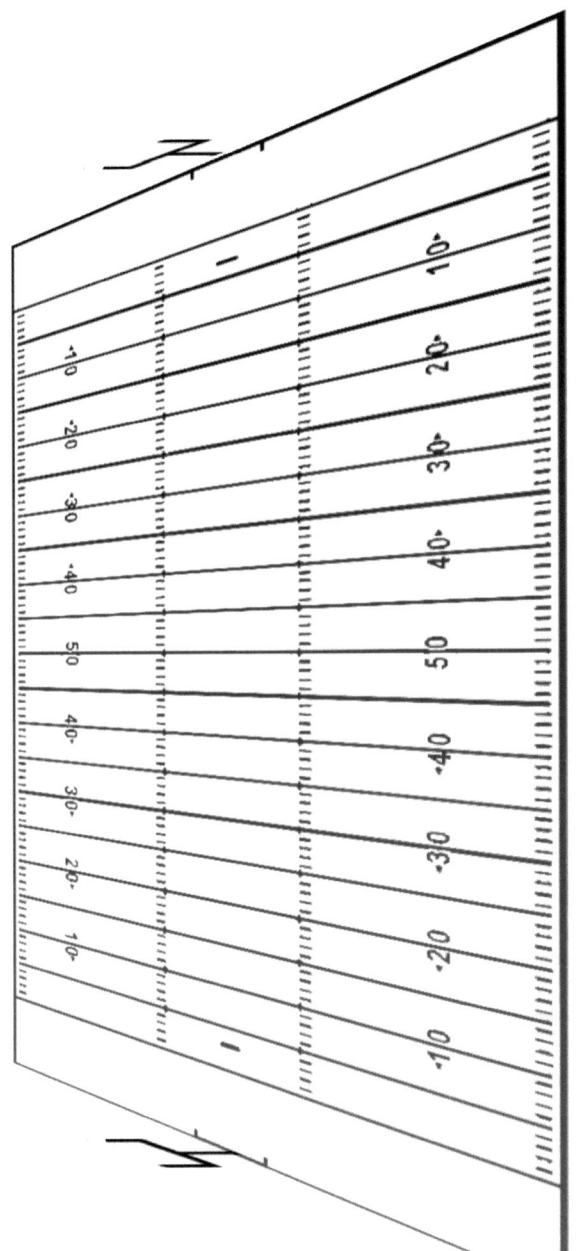

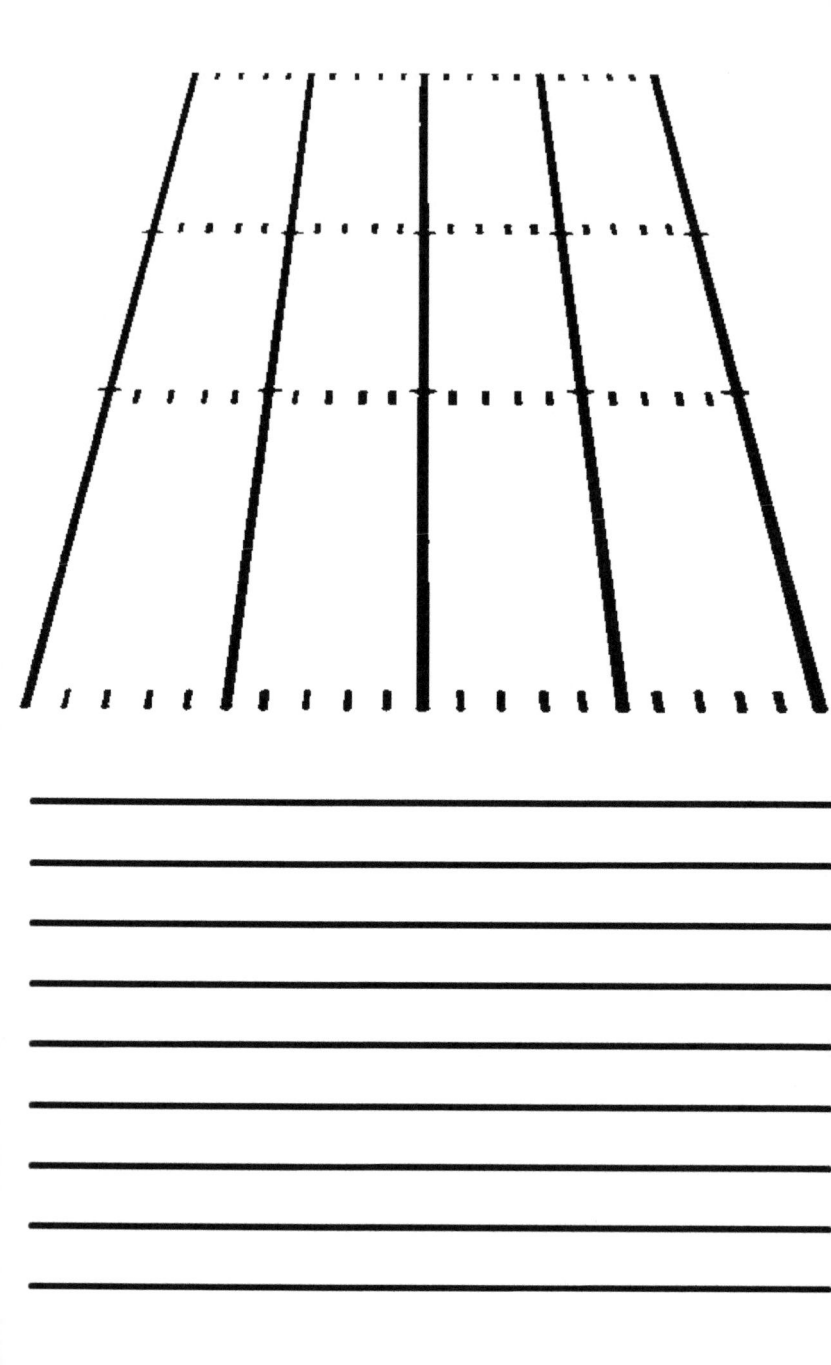

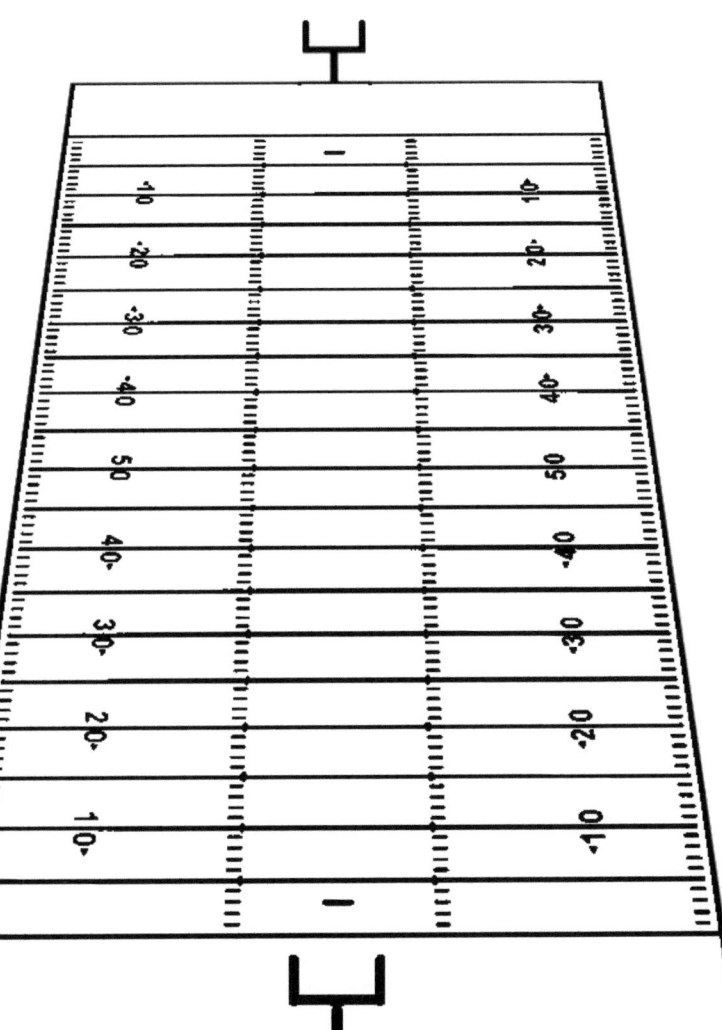

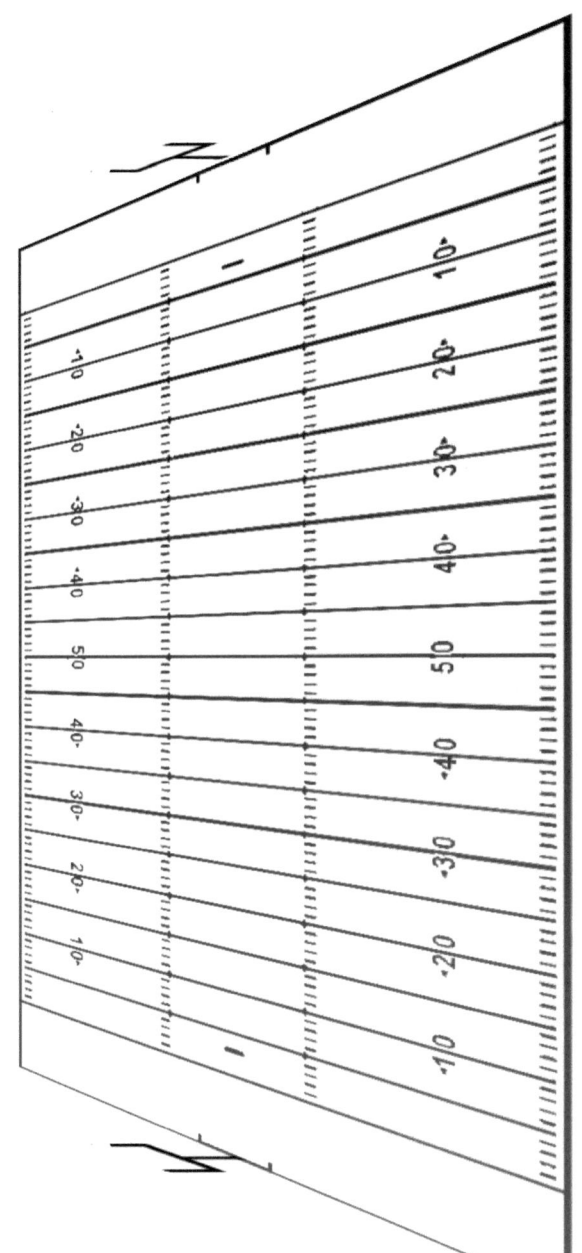

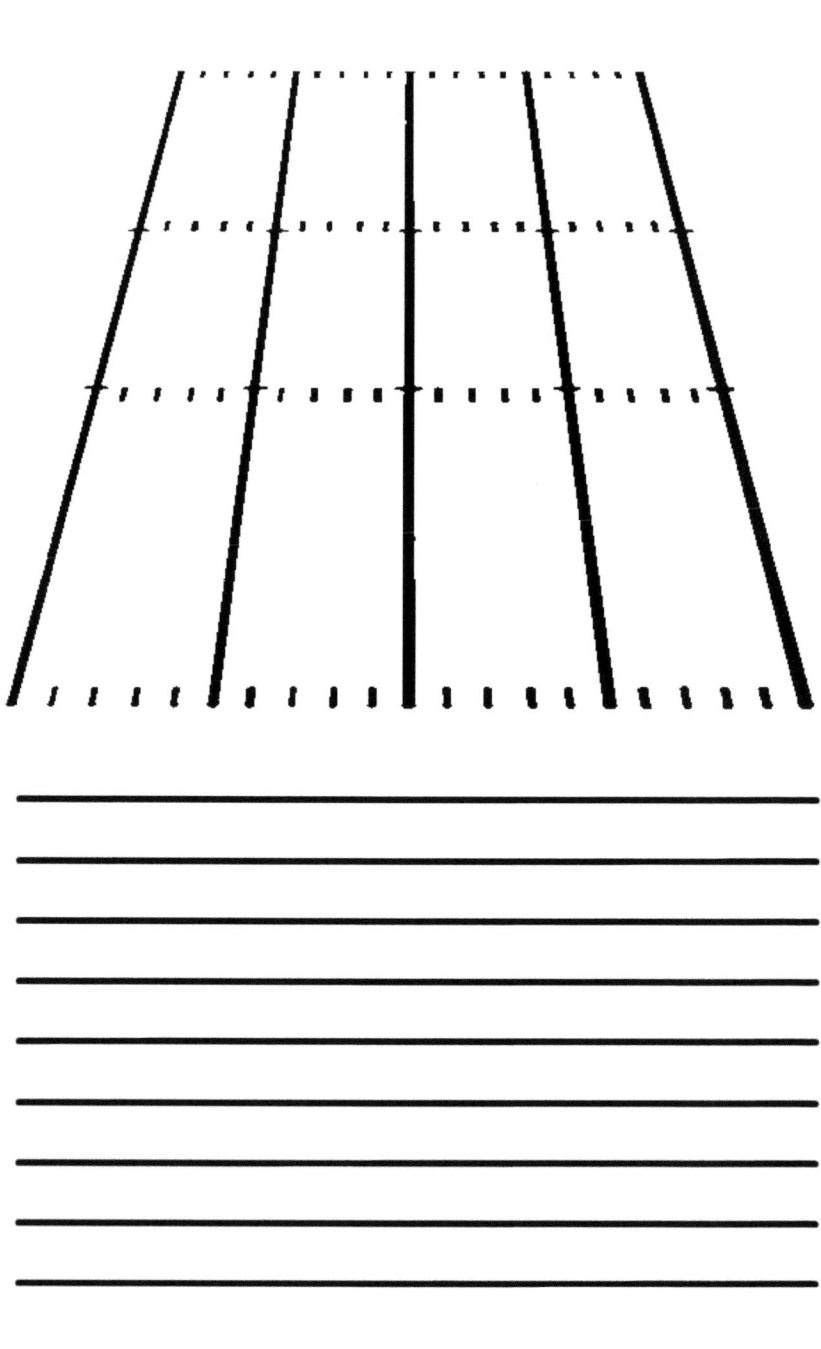

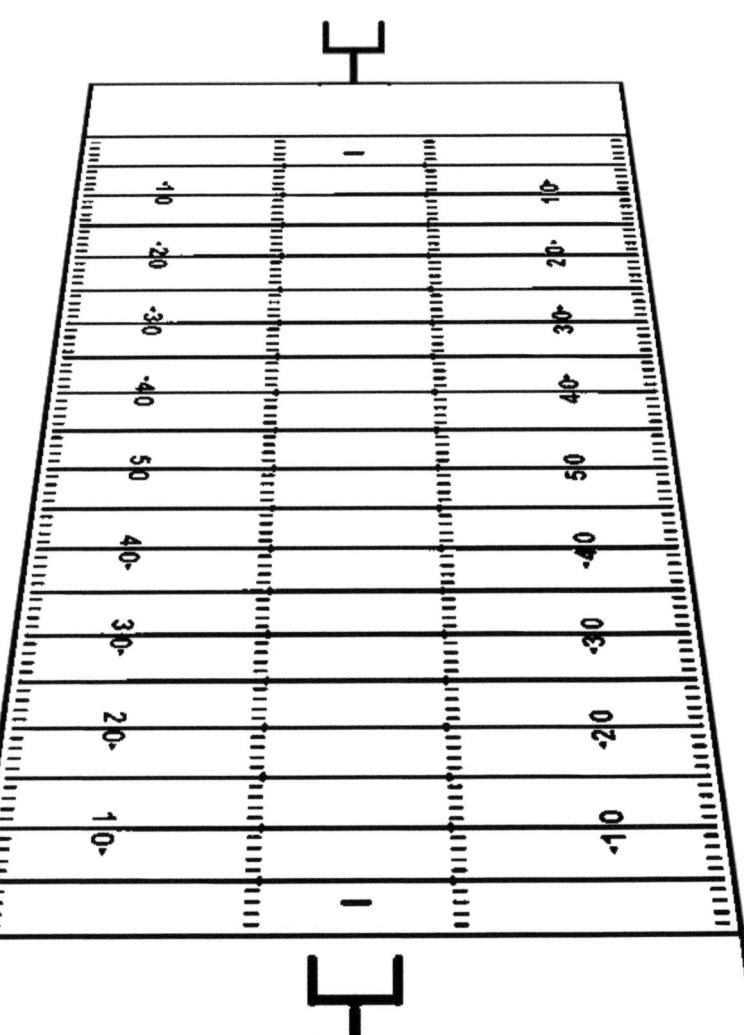

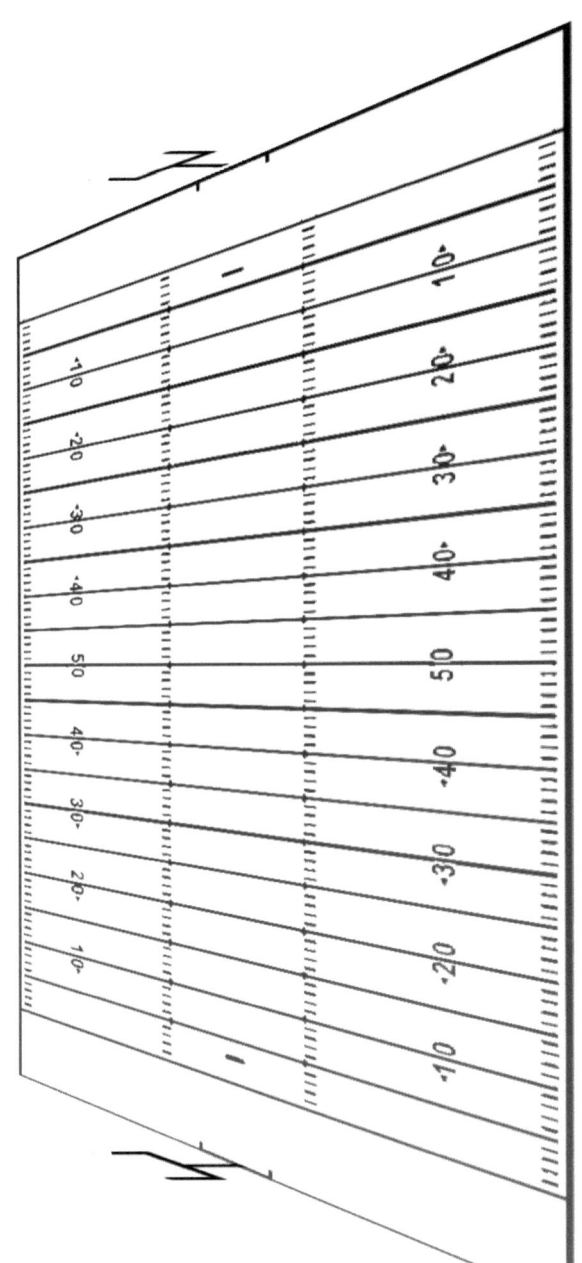

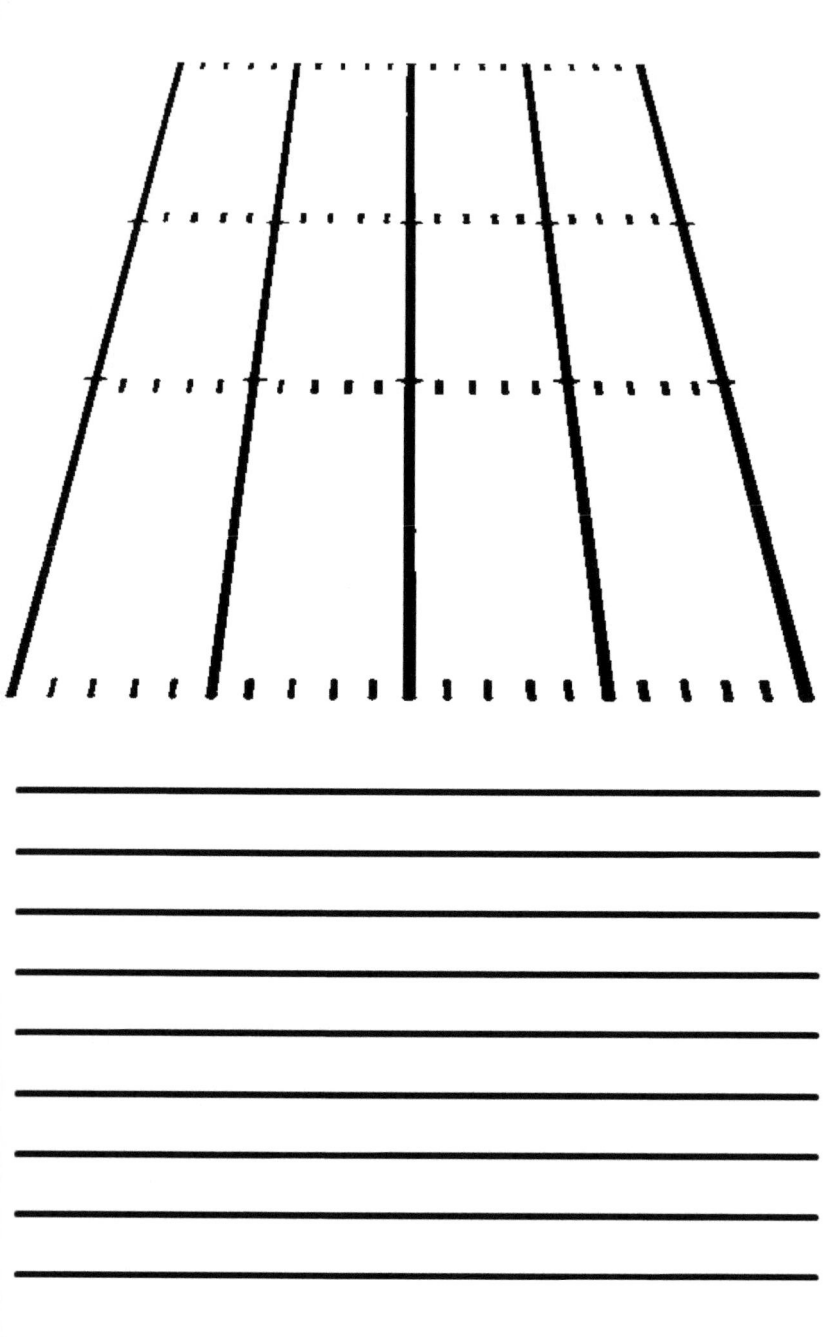

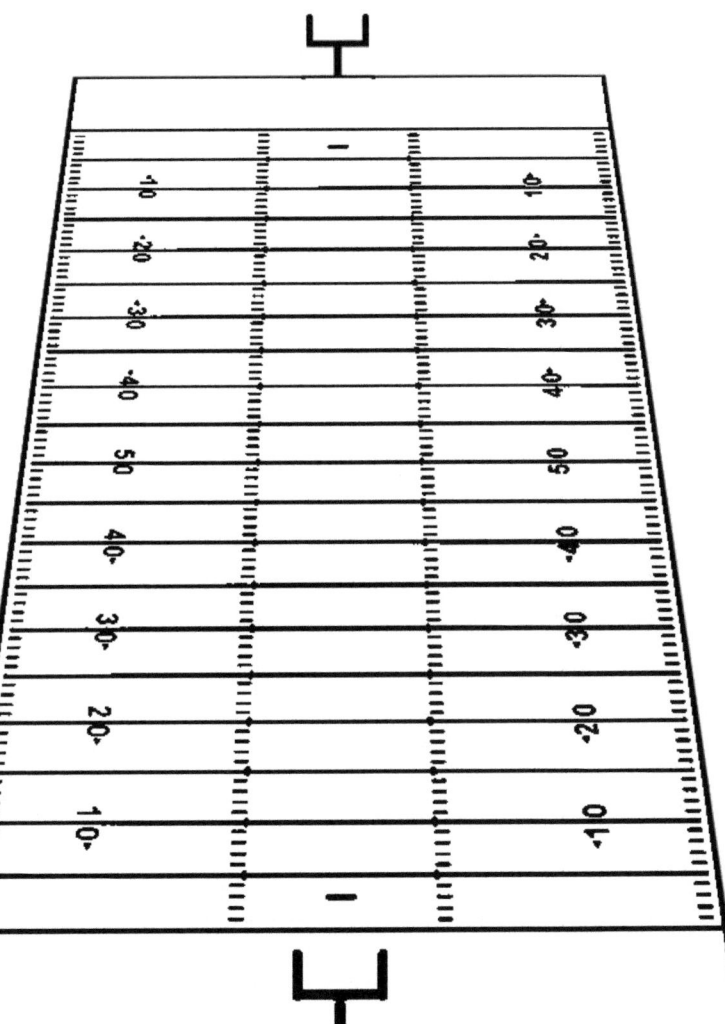

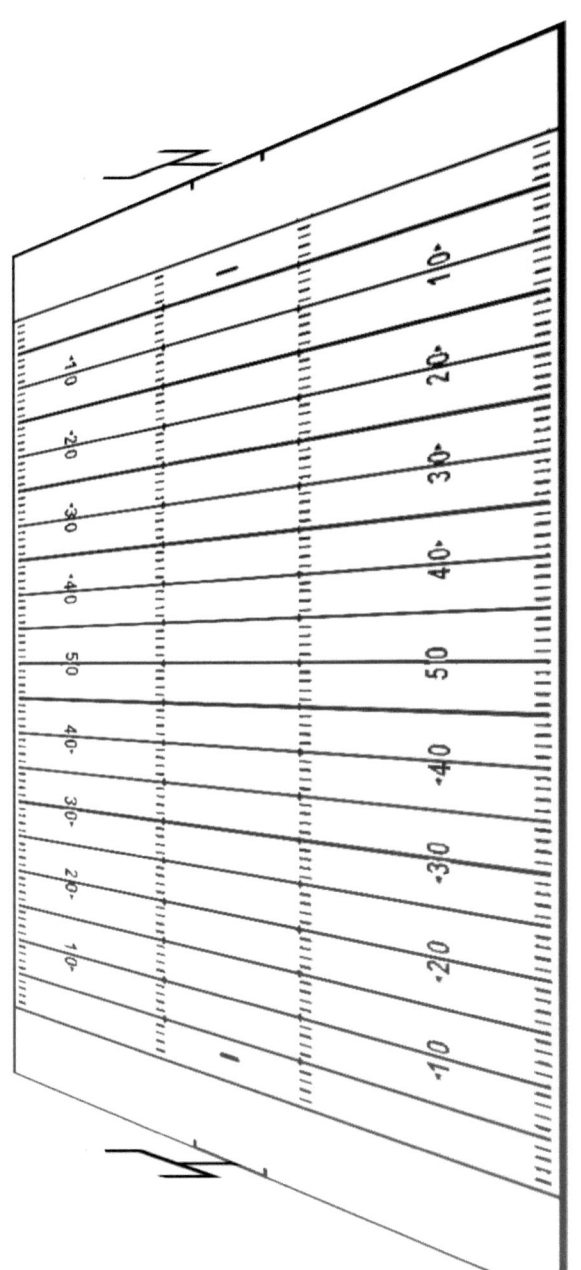

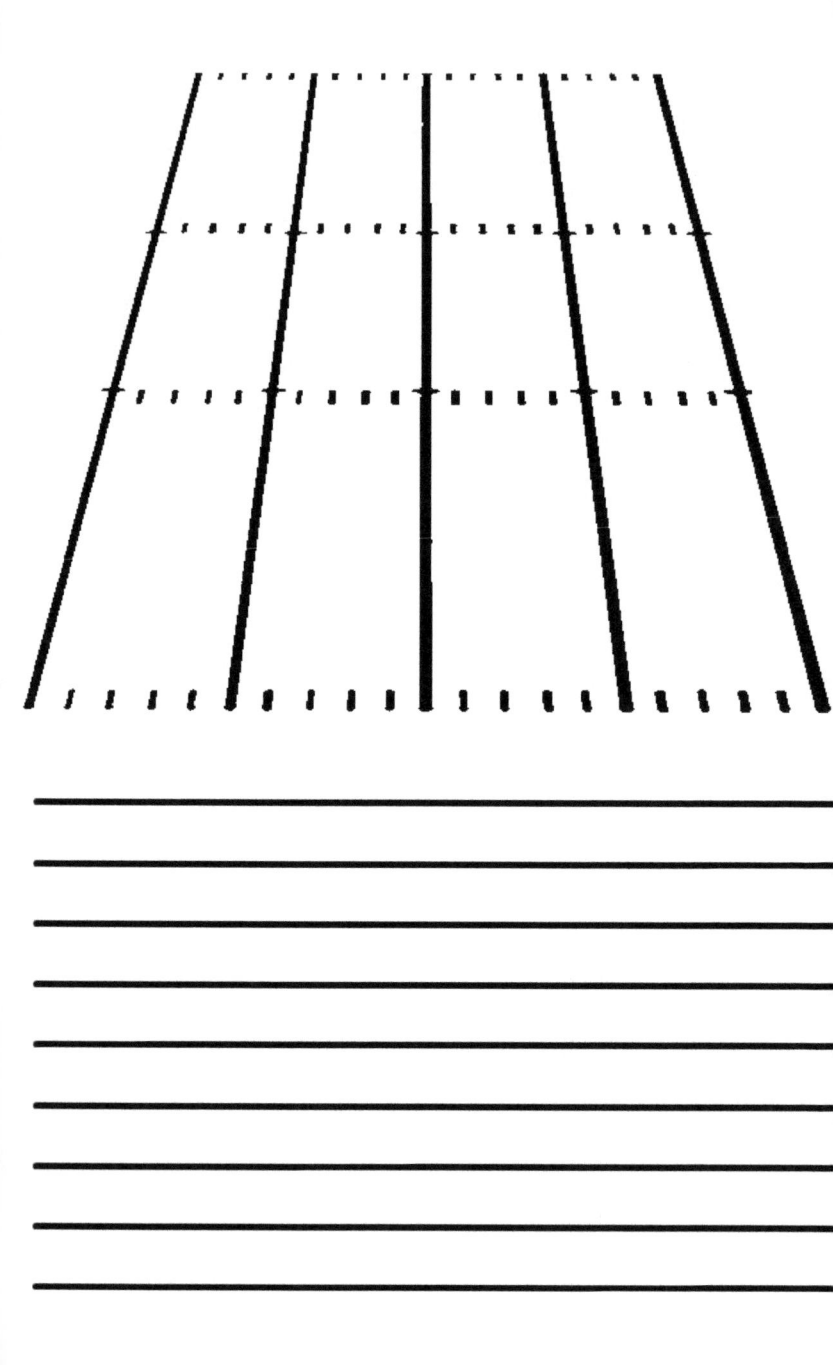

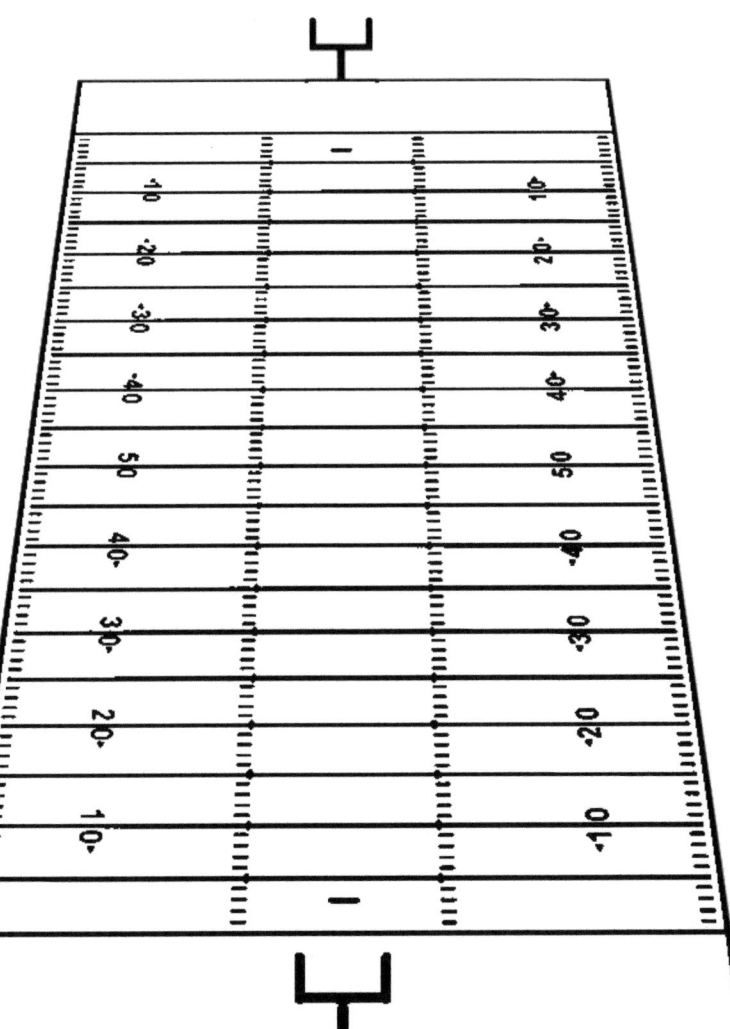

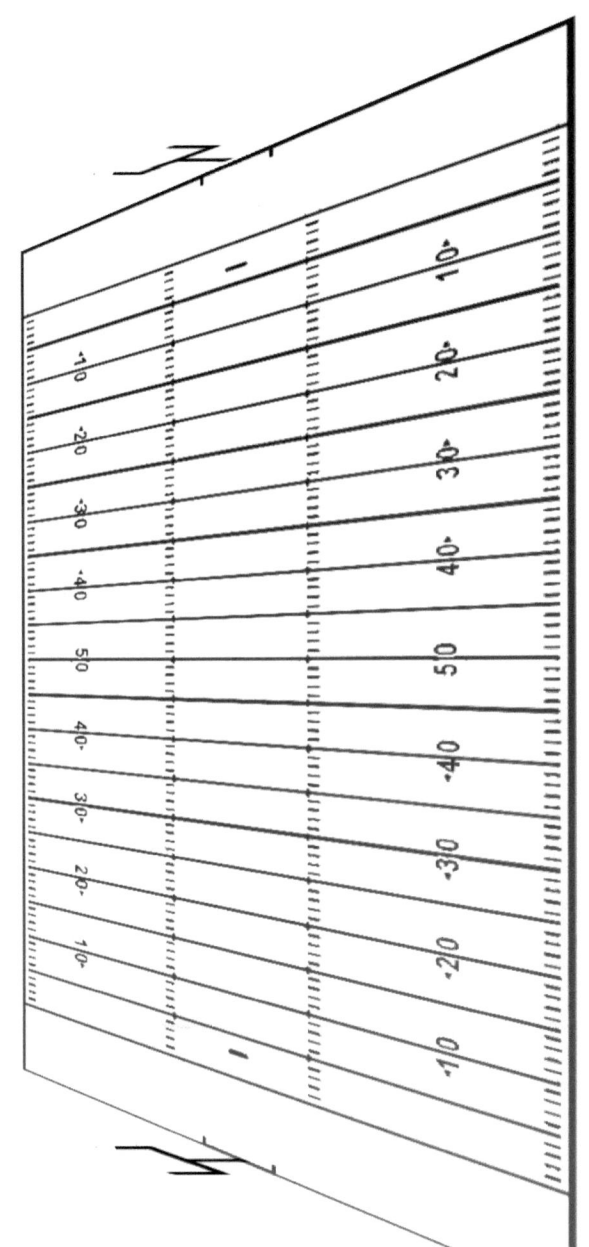

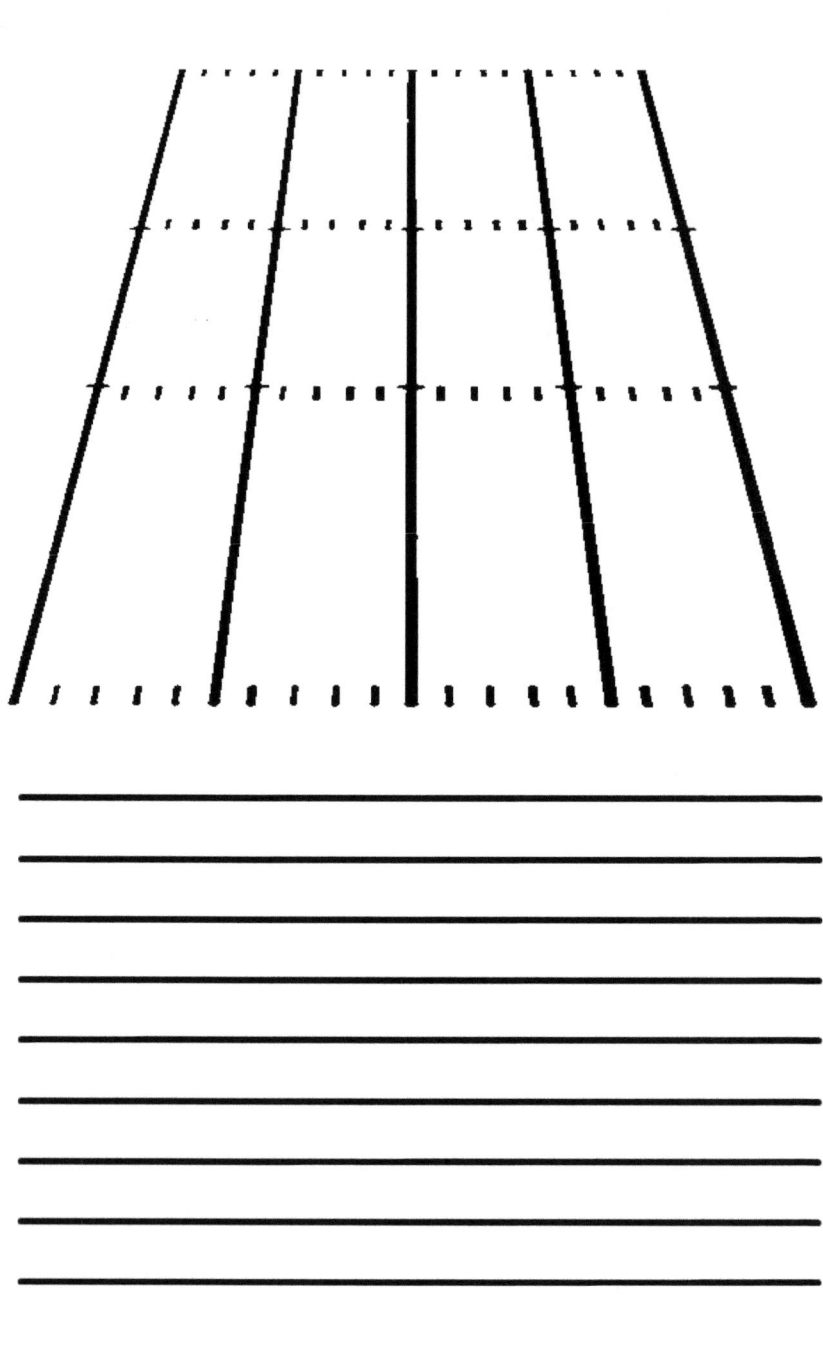

Weitere Bücher von Theo von Taane

- Happy – Wünsch dir was!   ISBN: 9783734728570
- Tennis Witze Knallbonbons   ISBN: 9783732296490
- Tennis Postkarten Kalender   ISBN: 9783734741289
- Witze rund um Volleyball   ISBN: 9783734731801
- Witze rund um Basketball   ISBN: 9783734703824
- Witze rund ums Schwimmen   ISBN: 9783734734460
- Witze rund um Schach   ISBN: 9783734731658
- Witze rund um Tischtennis   ISBN: 9783734731648
- Witze rund um Eishockey   ISBN: 9783734730716
- Witze rund ums Fechten   ISBN: 9783734731976
- Witze rund um Handball   ISBN: 9783734731690
- Witze rund um Badminton   ISBN: 9783734732875
- Witze rund um Karate   ISBN: 9783734731666
- Witze rund um Judo   ISBN: 9783734731674
- Witze rund um Golf   ISBN: 9783734731704
- Witze rund um Fußball   ISBN: 9783734731712

u.s.w.

Von Theo von Taane gibt es auch viele Rätsel-, Witze- , Spiele-, Ausmal- und Notizbüche
Bücher zum Thema MINECRAFT.

Des Weiteren bietet Theo von Taane Taktikboard und Trainingsbücher auch zu folgende
Sportarten an:

- Badminton
- Baseball
- Basketball
- Bowling
- Cricket
- Eishockey
- Fechten
- Feldhockey
- Fußball
- Futsal
- Handball
- Lacrosse (w)
- Lacrosse (m)
- Netball
- Rugby
- Schach
- Squash
- Tennis
- Tischtennis
- Volleyball
- Wasserball

u.v.m.
Einfach nach ‚von Taane' im Webshop suchen um
sich die mehr als 200 Theo von Taane Bücher anzeigen zu
lassen.